A
FORÇA
DO
RITUAL

MICHAEL NORTON
Professor da Harvard Business School

A FORÇA DO RITUAL

POTENCIALIZE SEUS HÁBITOS E ENCONTRE PROPÓSITO NA VIDA

Tradução
Alessandra Bonrruquer

1ª edição

Rio de Janeiro | 2024

TÍTULO ORIGINAL
The Ritual Effect: From Habit to Ritual, Harness the Surprising Power of Everyday Actions

TRADUÇÃO
Alessandra Bonrruquer

CIP-BRASIL. CATALOGAÇÃO NA PUBLICAÇÃO
SINDICATO NACIONAL DOS EDITORES DE LIVROS, RJ

N778f

Norton, Michael, 1975-
    A força do ritual : potencialize seus hábitos e encontre propósito na vida / Michael Norton ; tradução Alessandra Bonrruquer. - 1. ed. - Rio de Janeiro : BestSeller, 2024.

    Tradução de: The ritual effect : from habit to ritual, harness the surprising power of everyday actions
    ISBN 978-65-5712-411-6

    1. Mudança de hábitos. 2. Conduta. 3. Corpo e mente. 4. Autorrealização. 5. Técnicas de autoajuda. I. Bonrruquer, Alessandra. II. Título.

24-91708

CDD: 158.13
CDU: 159.947.3

Meri Gleice Rodrigues de Souza - Bibliotecária - CRB-7/6439

Texto revisado segundo o novo Acordo Ortográfico da Língua Portuguesa.

Copyright © 2024 by Michael Norton
Copyright da tradução © 2024 by Editora Best Seller Ltda.

Todos os direitos reservados. Proibida a reprodução, no todo ou em parte, sem autorização prévia por escrito da editora, sejam quais forem os meios empregados.

Direitos exclusivos de publicação em língua portuguesa para o Brasil adquiridos pela
Editora Best Seller Ltda.
Rua Argentina, 171, parte, São Cristóvão
Rio de Janeiro, RJ – 20921-380
que se reserva a propriedade literária desta tradução.

Impresso no Brasil

ISBN 978-65-5712-411-6

Seja um leitor preferencial Record.
Cadastre-se e receba informações sobre nossos lançamentos e nossas promoções.

Atendimento e venda direta ao leitor:
sac@record.com.br

Sumário

Parte I: O que os rituais fazem

PREFÁCIO: O reencantamento — 11

CAPÍTULO 1: O que são rituais? — 15

CAPÍTULO 2: Você colhe o que planta — 39

CAPÍTULO 3: O efeito dos rituais — 49

Parte II: Rituais para nós mesmos

CAPÍTULO 4: Como atuar — 61

CAPÍTULO 5: Como saborear — 73

CAPÍTULO 6: Como persistir — 93

CAPÍTULO 7: Como se tornar — 103

Parte III: Rituais e relacionamentos

CAPÍTULO 8: Como permanecer em sincronia — 117

CAPÍTULO 9: Como sobreviver aos feriados — 137

CAPÍTULO 10: Como viver o luto — 151

Parte IV: Rituais no trabalho e no mundo

CAPÍTULO 11: Como encontrar sentido no trabalho — 173

CAPÍTULO 12: Como dividir — 191

CAPÍTULO 13: Como curar — 203

EPÍLOGO: Uma vida com rituais — 217

AGRADECIMENTOS — 221

NOTAS — 223

Para Mel

...Para Mel

Parte I

O que os rituais fazem

Prefácio

O reencantamento

Antes do nascer do sol, Flannery O'Connor começa o dia com orações, uma garrafa de café, que divide com a mãe, e às 7 horas vai à missa. No mesmo horário, Maya Angelou chega a um quarto de hotel perto da casa dela, do qual pediu para que todas as pinturas fossem removidas. Por volta das 10 horas, Victor Hugo tira a roupa e instrui seu assistente a escondê-la até que ele tenha cumprido a cota diária de escrita. Immanuel Kant sai pela porta com sua bengala para dar uma caminhada pontualmente às 15h30 (*tão* pontualmente que a cidade inteira consegue acertar o relógio utilizando o filósofo como referência). À noite, Agatha Christie entra em uma banheira e come uma maçã. E, ao fim de um longo dia, Charles Dickens usa a bússola que sempre carrega consigo para confirmar que a cama está voltada para o norte, apaga a vela e adormece.[1]

O parágrafo que você acabou de ler — o mosaico de um dia na vida de seis autores famosos no mundo todo — pode parecer um atestado de loucura criativa ou, no mínimo, excentricidade. Mas eles estão executando, nesse retrato, ações com significados profundos, as quais repetiam incansavelmente. Embora possam parecer aleatórias para você, elas faziam sentido — e *funcionavam* — para eles. Todos estavam engajados em alguma forma de comportamento ritualístico.

Você pode até achar que comportamentos excêntricos fazem parte do trabalho criativo de poetas, romancistas e filósofos. Mas eu poderia ter escolhido, e com facilidade, outra categoria de profissionais de alto desempenho. Keith Richards precisa comer uma fatia de empadão — sempre a primeira — momentos antes de entrar no palco com os Rolling Stones. Chris Martin só sai do camarim para tocar com o Coldplay depois de escolher de forma metódica uma escova de dentes e um creme dental e fazer uma rápida, mas precisa, higiene bucal. Marie Curie — tragicamente — só conseguia dormir se tivesse um frasco de rádio perto da cama. Para aguentar a tensão no dia de eleição, Barack Obama reuniu alguns amigos e jogou uma partida de basquete organizada com esmero.[2]

Tente adivinhar quem tem os dois rituais pré-performance apresentados a seguir:

Eu estalo os dedos e os tamborilo em certas partes do meu corpo. Quando termino, me examino da cabeça aos pés.

Fecho os olhos e imagino que estou com meu cachorro. Listo quatro coisas que visualizei, três cheiros que senti, duas coisas que consigo ouvir e uma coisa que consigo sentir.

Serena Williams? Tom Brady? Excelentes palpites — e de fato conheceremos alguns rituais desses dois mais adiante. Mas esses exemplos são os rituais pré-performance de duas pessoas comuns, que responderam questionários para a pesquisa que conduzi, junto a colegas meus, em mais de dez anos de estudo acerca da ciência dos rituais.

Em Harvard e ao redor do mundo, nós — psicólogos, economistas, neurocientistas e antropólogos — tivemos o privilégio de investigar uma espantosa variedade de rituais, individuais e coletivos, com o objetivo de entender melhor o que são, como funcionam e como nos ajudam a enfrentar desafios e aproveitar oportunidades na vida cotidiana.

Durante mais de uma década, entrevistamos dezenas de milhares de pessoas em todo o mundo, realizamos experimentos em laboratórios e também usamos imagens cerebrais para explorar as bases neurais dos rituais.

Este livro reúne as descobertas dessas pesquisas. Em contextos pessoais e profissionais, privados e públicos, e em situações que perpassam culturas e identidades, os rituais são catalisadores emocionais que energizam, inspiram e elevam. Os resultados vão salientar essas características ao identificar cada um dos diferentes elementos de rituais específicos e então isolá-los e explorar seu impacto. Então abordarei as seguintes questões: quais são, exatamente, as diferenças entre ritual, hábito e compulsão? Como os rituais surgem? E como podemos garantir que eles funcionem a nosso favor e não contra nós?

Também será explorado por que colocar as meias de lado na gaveta, *exatamente desse jeito*, pode despertar alegria; como famílias podem fazer os jantares deixarem de ser um martírio e passarem a ser prazerosos; por que marcas como Starbucks podem se beneficiar de slogans como "Take Comfort in Rituals", que encoraja os clientes a "buscarem conforto em seus rituais"; o verdadeiro motivo pelo qual os escritórios com conceito *open office* não funcionam; por que as tradicionais danças da chuva e aqueles irritantes e aparentemente inúteis exercícios de equipe que os gerentes impingem aos funcionários *podem* funcionar; e por que a capacidade dos rituais de gerar uma gama de emoções mais ampla — um fenômeno que descrevo como *emodiversidade* — é importante, de maneiras mensuráveis, para nosso bem-estar psicológico.

Para você que insiste que não tem rituais, este livro mostrará como eles desempenham papéis-chave na forma como conduz seu negócio, se relaciona com outras pessoas ou celebra momentos especiais e experimenta a vida cotidiana — desde o que você come e bebe até a maneira como escova os dentes.

Muitas vezes, os rituais passam despercebidos por nós e nos permitem saborear as experiências de nossa rotina. Veremos como eles nos ajudam a começar o dia da maneira mais adequada e a encerrá-lo com tranquilidade; como nutrem relacionamentos mais fortes na vida pessoal e no trabalho; como operam na guerra e na paz; e como possibilitam a renovação de uma vida automatizada para uma maneira de viver com mais entusiasmo.

Quero conduzi-lo por essa jornada científica em que vamos descobrir os rituais que compõem o tecido do dia a dia. Ao fim deste livro, espero que se sinta motivado e preparado para criar e adotar seus próprios rituais enquanto tenta se aperfeiçoar, enfrentando e superando os muitos desafios pelos quais todos nós precisamos passar, e também para fazer mais das coisas que tornam a vida digna de ser vivida.

Os rituais melhoram e trazem encanto para o nosso dia a dia de muitas maneiras — é isso que passei a chamar de *força do ritual*. Esse é o tema deste livro.

Capítulo 1

O que são rituais?

> **Maeby:** Sabem onde eu arranjo um daqueles cordões de ouro com um "T" pendurado?
> **Michael:** Isso se chama cruz.
> **Maeby:** Cruz de quê?
>
> — *Arrested Development [Caindo na real]*

Aos domingos, quando eu era criança, meus pais católicos e eu travávamos uma batalha acalorada na qual eu bravamente tentava — sem sucesso — explicar por que não deveria ser obrigado a comparecer à missa. O que me incomodava não era o que era dito ("não faça aos outros..." sempre me pareceu um excelente conselho), e sim o roteiro: entrar, sentar, levantar, fazer o sinal da cruz, sentar, levantar, andar, velas, comer, beber, ajoelhar, sentar, levantar, apertar mãos, sentar, levantar, cantar, ir embora. As pessoas nos bancos à minha volta, que incluíam algumas das que eu mais amava e respeitava no mundo, encontravam um significado profundo nessa sequência. Já eu me sentia um robô, simplesmente repetindo gestos.

Aqueles rituais religiosos não funcionavam para mim, mas outros tipos de rituais, sim. Os meus preferidos, como no caso da maior parte das pessoas, eram poucos. Eu não me importava com as datas religiosas, mas adorava datas comemorativas, especialmente as festas de fim de ano, que começavam com o Halloween, seguido do Dia de Ação de Graças e do Natal, e terminavam com a véspera de Ano-Novo. Tenho certeza de que você entende: velas, doces, parentes que levam mimos, dormir mais tarde, ganhar presentes. É lógico que uma criança de 8 anos vai gostar mais desses feriados. E é inevitável que doces e brinquedos despertem tal fascínio.

Mas também sei que aquilo que eu mais adorava — e que permaneceu comigo — foi a maneira como a minha família celebrava essas datas. O que incluía os sons arranhados do álbum *Merry Christmas*, de Johnny Mathis, emanando do toca-discos do meu pai (usado apenas uma vez por ano, só para isso) e três tipos de recheio para o peru do Dia de Ação de Graças (embora eu não gostasse de nenhum deles). Também havia muitos rituais que não tinham relação com nenhuma data comemorativa. Por exemplo, nos sentávamos sempre nos mesmos lugares à mesa durante décadas (eu ficava de frente para a minha mãe, entre o meu pai e uma das minhas irmãs). O caos se instaurava se alguém tentasse trocar de lugar. Quando a minha mãe se cansava de um dos cinco filhos, contava até três. Mas, quando começava a contar, um de nós entrava em cena e cantava "Three Times a Lady". Na época, isso a deixava ainda mais zangada. Décadas depois, no entanto, ela dançou com o meu irmão ao som dessa mesma canção durante o casamento dele. Agora que ela se foi, ouvir essa música me faz lembrar dela. Ao longo do tempo, tais particularidades fizeram com que a minha família fosse a *minha família*. Essas coisas nos representavam.

Bem-vindo a uma era mais secular

Agora já adulto, é fácil, para mim, perceber que a minha resistência aos rituais religiosos tradicionais e à igreja — e a minha paixão por muitos rituais laicos, que ganharam versões peculiares na minha família — acompanham as tendências culturais mais amplas que definem o que o filósofo Charles Taylor chamou de nossa "era secular".[1]

Nos Estados Unidos, em 2022, por exemplo, cerca de três em cada dez adultos afirmaram não ter religião — ao passo que, na década de 1990, quase 90% deles se identificavam como cristãos —, e algumas estimativas projetam que o número de indivíduos que se identificam como "sem afiliação religiosa" se aproximará do número daqueles que se identificam como "cristãos" até o ano de 2070.[2] Uma pesquisa da Gallup realizada em 2022 mostrou que a confiança em instituições como a Suprema Corte dos Estados Unidos e em religiões organizadas é a menor de todos os tempos.[3] Esses números comprovam uma simples realidade: os séculos XX e XXI testemunham uma perda generalizada da fé tanto nas autoridades tradicionais que outrora ditavam os padrões nos quais devíamos basear nossa vida quanto nas instituições que nos mantinham fiéis a esses moldes.

Há mais de um século, o advogado e economista alemão Max Weber desenvolveu uma ousada narrativa que antecipava essas tendências. Em 1897, após mergulhar em estudos não muito empolgantes sobre os padrões agrários da Roma Antiga, Weber teve um colapso nervoso. Enquanto recebia os cuidados da esposa, Marianne (que também era sua prima de segundo grau) e se recuperava, ele começou a documentar o que descreveu como "desencanto" do mundo moderno. Argumentou que os sistemas tecnológicos e a burocracia eram os novos princípios organizadores da sociedade. Se antes os costumes, as obrigações religiosas e os rituais ditavam a forma como organizávamos nossos dias, agora a sociedade estava sob o reinado de procedimentos e processos racionalizados. A ciência e a tecnologia — e as instituições governadas por elas — substituiriam as doutrinas da fé, as superstições e outras formas de pensamento mágico. Naquela que muitos consideram sua (inacabada) obra-prima, *Economia e sociedade*, Weber alertou que "uma noite polar de gélida escuridão" se aproximava. A humanidade, segundo ele, estava entrando em um mundo despido de luz e calor, sentido e magia.[4] O resultado? Um mundo desencantado e privado de rituais.

O grande reencantamento

De certa forma, Weber foi profético. Os rituais consagrados e tradicionais realmente entraram em declínio no século XX. Ainda assim, o mundo está longe de ser puramente racional ou sem encanto. A crença em Deus permanece difundida entre pessoas de todo o planeta, incluindo os estadunidenses: cerca de 81% em 2022.[5] Embora uma em cada seis pessoas no mundo relate não ter afiliação religiosa, muitas ainda participam de rituais religiosos. Na China, por exemplo, 44% dos adultos sem uma religião dizem ter orado diante de uma sepultura no último ano.[6] Até a crença em outros seres sobrenaturais, como alienígenas, tem aumentado.

Quando consideramos os rituais fora do âmbito da religião organizada, logo fica evidente que o fim do século XX e o início do século XXI produziram incontáveis rituais seculares ou vagamente espiritualizados. Entre a proliferação de novos grupos que se tornaram ritualizados, há várias peregrinações aos desertos da América do Norte, como o Burning Man, o festival de música Coachella e a Bienal de Bombay Beach (um festival de arte realizado no páramo ambiental às margens do lago Salton, na Califórnia).[7] Grupos fitness e de ioga criaram ritos de iniciação como a "Hell Week", da Orangetheory — repleta de *high fives* [toca-aqui] para garantir a coesão social —,[8] e as aulas com sermões motivacionais e "momentos de reflexão" em salas iluminadas por velas da SoulCycle.[9] Durante o período de *lockdown* em razão da covid-19, a Peloton se tornou a líder no mundo das atividades físicas ao responder à necessidade coletiva de se reunir e se mover em sincronia com outros seres humanos.[10] A rotina de treinos a distância forneceu um espaço virtual para pessoas de todos os tamanhos e tipos de corpo se reunirem e respirarem no simulacro de um estúdio suarento. Por todos os Estados Unidos, é comum ver pessoas usando camisetas que ficaram famosas na internet com os dizeres A ACADEMIA É MINHA IGREJA.[11]

Os rituais também fornecem meios mais significativos de as pessoas se afastarem da pressão tecnológica pela otimização e captura da atenção. Eles são capazes de delinear um espaço sagrado, no qual as pessoas se mantêm conectadas ao momento presente, de modo que a experiência de um dia "I Am Here" convida os participantes a passarem algum tempo juntos sem a presença de dispositivos digitais. O jornalista Anand Giridharadas, que, junto da esposa, Priya Parker, é um dos idealizadores do evento, descreveu esses encontros como um momento especial para "desfrutar de amizades e conversas impossíveis de se ter no Facebook; estar de fato em um lugar, em vez de superficialmente por toda parte".[12] Esse mesmo desejo de conexão pode ser visto no grupo de adolescentes que se reúne todos os domingos no Prospect Park, no Brooklyn. Eles colocam toras em círculo e deixam os celulares de lado para discutir livros físicos e compartilhar cadernos de desenho. Os jovens são membros do Clube Ludita e criaram rituais para apoiar e impulsionar a iniciativa de se afastar das plataformas de mídia social e viver uma existência pré-iPhone, mesmo que por apenas algumas horas.[13]

Considere também a ascensão da Igreja Ateia de Seattle, onde ateus se reúnem todos os domingos para usufruir de tudo que há de bom em uma igreja — comunidade, reflexão, cantorias —, menos a parte de acreditar em Deus.[14] Quando o culto termina, os membros da igreja se sentam em círculo e passam um totem [uma estátua de coelho] de mão em mão — quem tiver algum sentimento e pensamento para compartilhar deve segurá-lo para falar. A missão oficial da igreja é oferecer os benefícios de uma comunidade religiosa, sem a "dissonância cognitiva" presente na crença no sobrenatural.

Em todos esses exemplos, os rituais estão vivos e prósperos. Entretanto, assumiram formas que não condizem com as ideias tradicionais e, por essa razão, são ignorados e disseminados como coisa da Nova Era, dos millennials, ou como algo indulgente ou esquisito. Além disso, a palavra *ritual* retém uma aura, um ar sagrado ou mágico, que a indústria do bem-estar capitalizou com muito sucesso. Agora é possível contratar "*expert* em rituais" — consultores corporativos —[15] e usar uma infinidade de aplicativos e plataformas on-line que oferecem meditações diárias, práticas de gratidão e *bullet journals*, para citar apenas alguns. O que esses novos desenvolvimentos nos dizem sobre o lugar dos rituais no século XXI?

A história de um cético em relação aos rituais

Tenho tantas dúvidas sobre esses novos rituais seculares quanto tinha sobre os rituais tradicionais durante a infância. De início, não senti nenhuma curiosidade específica em relação a eles. A despeito desses exemplos de rituais seculares emergindo na cultura, nem pensei em estudá-los nos primeiros dias da minha carreira como cientista comportamental. Eu gostava de planejar experimentos laboratoriais nos quais podia reduzir os fenômenos a seus elementos essenciais, isolar variáveis-chave e analisar os efeitos tendo em mente alguma medida externa. O foco era direcionado para tópicos como quantificar o real impacto das diferentes maneiras de gastar dinheiro (por exemplo, com nós mesmos *versus* com os outros) na nossa felicidade;[16] analisar a influência que os marqueteiros políticos exercem na nossa percepção dos candidatos;[17] e demonstrar quais regiões do cérebro reforçam a tendência universal da mente de divagar.[18]

Os desafios de mensurar os efeitos dos rituais em laboratório me surpreenderam e pareciam, na melhor das hipóteses, assustadores, tanto para mim quanto para muitos dos meus colegas das ciências comportamentais. As práticas que vêm à mente quando pensamos em "rituais" são ricas em detalhes, elaboradas, relacionadas a culturas específicas e, muitas vezes, ligadas a séculos de sentido agregado. Portanto, parecia impossível reduzi-las ao mesmo método científico. Como desatrelar dessas práticas a cultura e a história por trás delas? Restaria algo para estudar, se fizéssemos isso?

Mesmo em minhas primeiras investigações sobre como e por que os rituais funcionam, eu ainda me identificava como um cético em relação ao assunto. O que significa isso? Talvez você já saiba. Muitos de nós têm amigos ou familiares que preenchem seus dias — ou mesmo a vida — com rituais. Como Flannery O'Connor, pode ser que eles iniciem suas atividades em um horário exato e de um jeito específico e, como Charles Dickens, as encerrem de outra maneira, também precisa e específica. Não era o meu caso. Eu acordava, comia, fazia pausas e ia dormir em diferentes horários todos os dias — não havia nada ritualístico na maneira como conduzia minha vida. Pelo menos, era o que eu pensava.

Até que, um dia, algo aconteceu. Ou, melhor dizendo, alguém. Minha filha. Depois que virei pai, instantaneamente e sem pensar, me tornei um xamã ensandecido. Ir para a cama — algo que antes envolvia algumas ações tediosas, mas funcionais, como usar o fio dental ou colocar o celular para carregar — se transformou por um bom tempo em um ritual de 17 passos com um único objetivo: fazer minha filha dormir. Havia personagens fundamentais: eu, minha mulher, porquinho, coelhinho marrom e (principalmente) coelhinho cinza. Havia músicas fundamentais: uma canção de Buddy Holly, chamada "Everyday", que eu e minha mulher cantávamos em Camp Wewa (e minha filha conhecia como "música da montanha-russa"), e a canção de James Taylor "Sweet Baby James" ("música do caubói"). Havia textos sagrados: *Boa noite, lua*; *Uma lagarta muito comilona*; *Ah, os pensamentos que você pode pensar!*. Havia ações fundamentais: carregá-la lentamente até a cama, a fim de que pudesse dizer boa-noite aos degraus e perguntar se precisavam de algo antes de dormir, então repetir *chiu* bem baixinho até ela adormecer. (Eu estava tão convencido de que minha maneira de dizer *chiu* era a coisa mais relaxante do mundo que fiz uma gravação em looping para sempre termos dez minutos da minha voz à disposição.)

Eu acreditava que fazia essas coisas todas as noites, mês após mês, porque minha filha precisava delas. Como em qualquer ritual, eu aderia a uma ordem precisa de ações repetidas. Estava convencido de que, se fizesse algo diferente, ela passaria a noite acordada. Como na maior parte dos rituais, minhas ações tinham aspectos aleatórios: por que dois coelhos, mas somente um porquinho? Por que não ler *Ah, os lugares aonde você irá!*? Por que degraus e não eletrodomésticos? Nós não sabíamos, mas, mesmo assim, não deixávamos de seguir cada um dos passos. O risco era muito alto. A sensação que prevalecia era a de que, se tentássemos variar ou — desesperados para dormir — otimizar o ritual, todo o esforço poderia cair por terra. Abreviações ou variações talvez não gerassem a atmosfera de conforto e sonolência necessária, e então teríamos de recomeçar.

Com o tempo, passei a observar essa performance noturna com um olhar mais analítico. O que eu estava fazendo? O ritual não era somente para minha filha; era para mim também. Eu realizava essa série de ações precisas na crença de que elas *teriam* efeito. Noite após noite seguindo o mesmo ritual, passamos a acreditar em seu poder de nos conduzir da tarde para a noite e convidar o sono. De algum modo, sem tomar nenhum tipo de decisão consciente, eu tinha passado de um cético convicto a um verdadeiro crente do ritual.

Assim que reconheci essa mudança em mim mesmo, passei a me perguntar: e se todas as pessoas com as quais eu cruzava na rua também tivessem rituais desse tipo? Eles estariam funcionando? Se sim, por que e como? Para além das identidades ritualizadas de grupos como Peloton e Orangetheory, para além das pessoas que buscavam efervescência coletiva no Burning Man, será que outros céticos autoproclamados tinham a vida cotidiana enriquecida por rituais sem ter noção disso?

O passo a passo da hora de dormir da minha filha me fez encarar a alarmante possibilidade de que quase tudo o que eu acreditava saber sobre rituais poderia ser, na melhor das hipóteses, má informação ou, na pior, total equívoco. Sim, os rituais são tradições e cerimônias religiosas passadas de geração a geração. Mas também são comportamentos peculiares que podem emergir espontaneamente. Eu era a prova viva de que qualquer comportamento pode se tornar um ritual. O catalisador de todos os rituais é a necessidade; tradição e ancestralidade não são pré-requisitos.

O meu instinto como pai de primeira viagem foi recorrer ao ritual para ninar o ser humano mais jovem na minha vida — mas também para aliviar minha própria ansiedade. Na época, cheguei a fazer algumas investigações sobre rituais, mas o cientista em mim precisava de respostas melhores sobre o que acontecia na minha mente. Se as pessoas podem criar rituais próprios, de improviso, e ainda assim ter experiências e emoções modeladas por eles, o que exatamente eram e como funcionavam? Essas perguntas atiçaram minha curiosidade, e eu estava determinado a descobrir as respostas.

De onde vêm os rituais

Com exceção da experiência que tive na infância com rituais religiosos, muito do que eu sabia vinha das minhas pesquisas em antropologia e outros campos descritivos das ciências sociais. A ideia por trás dos métodos etnográficos da antropologia era observar o que os seres humanos faziam e tentar descobrir por que o faziam. Muito do corpo, agora canônico, de conhecimento nessa área foi produzido por acadêmicos ocidentais estudando culturas não ocidentais, e a maior parte tem como foco antigos ritos concebidos pela tradição. Estou falando das rígidas práticas comunais que vêm à mente quando ouvimos a palavra *ritual*. Eu as chamo de *rituais de herança*.

Nenhuma parte desse corpo de pesquisa — apesar de fascinante — me permitiu entender a minha própria experiência. Nenhum ancestral havia me passado nada sobre bichos de pelúcia; Buddy Holly não é mencionado em nenhum texto antigo. Foi quando percebi que o ritual pode ser uma experiência individual e personalizada.

Quando modifiquei minha hipótese tácita sobre rituais, comecei a reconhecê-los à minha volta. Da mesma forma que criei uma atmosfera calma para minha filha dormir, indivíduos e grupos recorrem a adereços, cerimônias e gestos disponíveis no momento. Às vezes, adaptam aspectos de um ritual de herança; em outras, criam rituais. É comum, ainda, que façam as duas coisas ao mesmo tempo.

No entendimento convencional dos rituais, tais coisas não acontecem do nada. O ritual é fixo: você se senta, levanta e ajoelha quando lhe dizem para se sentar, se levantar e ajoelhar. Come a comida que lhe dizem para comer porque é isso que seu povo sempre fez e assim o fará *ad aeternum*. Na experiência que tive com minha filha, pude vislumbrar uma maneira diferente de pensar os rituais. Ao longo do tempo, as pessoas os reinventam para se adequarem ao momento, com quaisquer recursos e materiais disponíveis. Talvez o ritual de herança, passado de geração a geração, não funcione para todos, como os que eu praticava na igreja quando criança. Em alguns casos, é possível que o necessário para um ritual "pegar" ainda não exista, porque o mundo apresentou aos seres humanos um problema novo — como uma pandemia em pleno século XXI.[19]

Essa abordagem da ciência dos rituais — a ideia de que um indivíduo pode dizer "Vou fazer isso de outro jeito" — me transportou para o mundo da economia comportamental, a ciência que estuda como os indivíduos tomam decisões. O meu doutorado foi em psicologia social e o meu pós-doutorado em economia comportamental na Sloan School of Management, do MIT. Quando cheguei lá, logo após defender minha tese, descobri um mundo repleto de pessoas curiosas e generosas que faziam todo tipo de pergunta inesperada e inédita sobre como os seres humanos tomam decisões. Foi nesse ambiente de liberdade intelectual que fui apresentado, pela primeira vez, a uma maneira possível de mensurar os efeitos dos rituais.

A hipótese prevalente sobre eles era a de que estavam indissociavelmente ligados a grupos e culturas, o que os tornava impossíveis de estudar pelos métodos empíricos da ciência. Não é possível designar de modo aleatório participantes de pesquisa a uma ou outra cultura. ("Ok, todo mundo neste grupo é guianense e todo mundo naquele grupo é brasileiro.") Ao abordar os rituais ligados às decisões individuais, todavia, fiquei livre para examinar sua utilidade usando uma métrica da economia comportamental: "Tolice ou sabedoria?" Se seu objetivo é se sentir de maneira diferente da que se sente agora, realizar tal ritual é um uso tolo ou sábio de seu tempo? E se o objetivo for se sentir mais conectado às pessoas que ama ou atingir o deslumbramento ou a transcendência? Os rituais fazem sentido se considerar o que busca com eles? Usando essa abordagem direta — simplesmente perguntando às pessoas sobre objetivos e então medindo o sucesso dos rituais em ajudá-las a atingi-los —, comecei a ver um caminho adiante, uma trilha de migalhas levando a uma maneira diferente de calcular seus efeitos.

Enquanto mergulhava na lógica da economia comportamental, encontrei outra influência fundamental para meu modo de pensar. Quando cheguei ao MIT, meu escritório ficava no Laboratório de Mídias. O laboratório era, e continua sendo, um espaço de criação para tecnólogos, artistas, sonhadores e inventores. É um lugar onde fazer algo — seja um equipamento de tecnologia, uma experiência humana ou um sistema — tem precedência sobre estudar ou escrever artigos. O espírito do laboratório sempre foi ser um espaço de experiências reais e com materiais reais: um *éthos* de "demonstre ou morra".[20] Pela primeira vez em minha carreira acadêmica, comecei a pensar nas ciências sociais não somente como um esforço para entender os seres humanos em seus ambientes naturais, mas também como um processo de planejar e modificar esses ambientes ativamente. Essa, como comecei a ver, poderia ser uma maneira alternativa de pensar nos rituais. No século XXI, as pessoas projetam experiências ritualizadas a partir do que quer que esteja em oferta — Johnny Mathis e Dr. Seuss, maçãs e empadão — em seus ambientes.

No entanto, foi somente quando cheguei à minha posição atual, como professor da Harvard Business School, que comecei a pensar em investigar os efeitos dos rituais. Enquanto eu contemplava novas concepções para essa experiência, descobri o trabalho da socióloga Ann Swidler, da Universidade da Califórnia-Berkeley. Em seu livro *Talk of Love* [Conversa de amor, em tradução livre], que traz 88 entrevistas com mulheres e homens casados, solteiros e divorciados do norte da Califórnia na década de 1980, Swidler analisou como as pessoas improvisam rituais para expressar amor e comprometimento — recorrendo a fontes tão variadas quanto religiões organizadas, ideologias da Nova Era, letras de música pop ou filmes de Hollywood.[21]

Essa abordagem mais informal e improvisada sobre o assunto — utilizando sua singular e eficiente habilidade de gerar diferentes estados emocionais — se adequava ao espírito criador e aprimorador do Laboratório de Mídias. Mais que qualquer coisa, parecia condizer com a minha própria experiência de que rituais podem ser criados, aparentemente *ex nihilo*. Meus esforços para criar rituais pareceram bricolagem — usei o que estava disponível (animais de pelúcia e degraus). A inovadora teoria de Swidler sobre como os seres humanos utilizam o mundo à sua volta me forneceu uma estrutura para entender melhor como os rituais podiam incluir tradições antigas, mas também novos comportamentos. Ela chamou isso de "cultura em ação".

Cultura em ação: aumentando seu repertório de rituais

Na análise de Swidler, os rituais — mesmo os mais antigos e tradicionais — estão entre os vários recursos disponíveis em nossa "caixa de ferramentas cultural". As pessoas estruturam respostas e ações a partir de um repertório cultural próprio, escolhendo as ferramentas de diferentes maneiras. Veja, por exemplo, o caso de um casamento formal, com smoking, vestido branco com tule e votos tradicionais. Para alguns dos participantes da pesquisa de Swidler, seguir isso foi a coisa certa a fazer. Esses passos haviam inspirado emoções —

amor, comprometimento, alegria — apropriadas ao momento. Para alguns que haviam participado de um casamento formal, no entanto, a situação foi desconfortável (falso, pretensioso ou ambos) e inibiu a experimentação de sentimentos que a ocasião merecia. O argumento de Swidler é que a variação de respostas é um reflexo correto de como funciona a cultura. Em vez de abrir mão de nossa agência individual em obediência ao coletivo mais amplo de uma "cultura monolítica", empregamos nossas ferramentas culturais de modo dinâmico e estratégico, às vezes com entusiasmo genuíno e outras, com tédio, ambiguidade ou mesmo com ironia declarada e rebelião (como o músico Kurt Cobain, que insistiu em vestir um pijama xadrez durante seu casamento em uma praia havaiana).[22]

A estrutura da cultura em ação revelou para mim uma maneira de seguir com a investigação acerca dos rituais. Ao contrário dos etnógrafos e antropólogos do passado, eu estava menos interessado em catalogar rituais já estabelecidos e centrados em contextos mais amplos, comunais e frequentemente religiosos. Eu queria saber como as pessoas os usam e experimentam no cotidiano. Se tantos de nossos rituais mais preciosos são particulares — individuais e peculiares —, qual é a marca registrada de um ritual? Como distingui-lo de todas as outras rotinas e tarefas do dia? Os rituais são tolice ou sabedoria? Será que podem mesmo melhorar nossa vida?

Aprendi que a melhor maneira de responder o que é um ritual é analisando o que ele *não* é: um hábito.

Hábito *versus* ritual: um automatiza, o outro inspira

Um de meus primeiros insights sobre a diferença entre ritual e hábito me ocorreu no dentista. Em uma conversa sobre hábitos de escovação — enquanto eu fazia o possível para resmungar respostas com a boca aberta —, o dentista disse que uma rápida olhada no interior da boca de alguém era suficiente para discernir padrões de escovação. Muitas pessoas começam vigorosamente (então os primeiros dentes têm menos placa) e perdem o impulso (aí os dentes têm mais placa). Quando comecei a pensar nisso — *Será que sou um dos que começam vigorosamente e depois desanimam? Começo pela esquerda ou pela direita? Com os dentes da frente ou os de trás?* —, considerei uma variedade de outras práticas cotidianas, de me vestir a lavar a louça; de ir para o trabalho a usar o computador, incluindo a seguinte, que apresentei a plateias de todo o mundo:

PERGUNTA: Ao se levantar pela manhã (ou se preparar para se deitar), você:

A: Escova os dentes e depois toma banho?
B: Toma banho e depois escova os dentes?

Faço essa pergunta em todas as minhas palestras, diante de plateias lotadas. Seja na Alemanha, no Brasil, na Noruega, em Cingapura, na Espanha, no Canadá, na Inglaterra, seja em Cambridge ou em Massachusetts, e mesmo em uma sala cheia de economistas comportamentais (incluindo dois vencedores do prêmio Nobel, Daniel Kahneman e Richard Thaler), sempre fico maravilhado com a divisão — que quase sempre é meio a meio. Parece haver zero consenso sobre a sequência "correta" para essas duas atividades. (Note que uma pequena porcentagem de pessoas relata escovar os dentes enquanto toma banho, mas é óbvio que essas pessoas — com pés cheirando à menta — são profundamente problemáticas.)

Então peço que a plateia imagine completar essas duas tarefas em ordem reversa. Se você toma banho e depois escova os dentes, imagine começar escovando os dentes, e vice-versa.

PERGUNTA: Como essa inversão faz você se sentir?

A: Não ligo.
B: Me sinto estranho, mas não sei por quê.

Se você respondeu A, completar essas tarefas é uma rotina matinal: precisa tomar banho e escovar os dentes, mas a ordem não importa. Essas são coisas feitas com o propósito específico de *tirá-las da lista de coisas a fazer*. Mas, se respondeu B, se teve a mais tênue impressão de que a ordem inversa é errada, mesmo que não consiga explicar por quê, então essa sequência de ações está mais próxima de um ritual. A rotina matinal, nesse caso, é mais que um hábito automatizado que o recompensa com limpeza e saúde. É um ritual que tem ressonância emocional e psicológica, para além das recompensas práticas. Para você, é importante cumprir essas tarefas de um jeito específico — nesse caso, em uma ordem específica.

Então o que faz com que um ritual seja um ritual e não um hábito?

A essência do hábito é o "que"

Hábito é algo *que* fazemos: escovar os dentes, ir à academia, comer vegetais, responder e-mails, pagar contas, dormir em um horário razoável (ou não). Quando conseguimos substituir um mau hábito por um bom, queremos que ele se torne automático. Sem esforço, e mesmo sem pensar, seguimos rotinas que nos levam do ponto A ao ponto B. Evitamos preencher nossos intervalos no trabalho com biscoitos de chocolate, minimizamos o uso de redes sociais e, em vez disso, fazemos meia hora de exercícios e arrumamos a casa todas as manhãs — e, como resultado, atingimos objetivos importantes (perder peso, manter o foco, pôr fim ao caos da casa).

A essência do ritual é o "como"

O ritual não é somente a ação, mas a maneira particular como a realizamos — o *como*. O importante não é completar a ação, mas a maneira específica como ela é completada. Os rituais também são profunda e inerentemente emocionais. Ao contrário da maior parte dos hábitos, eles provocam sensações, tanto boas quanto ruins. Por exemplo, quando as pessoas realizam seu ritual matinal, relatam sentir que "começaram da maneira correta" e estão "prontas para enfrentar o dia". Quando esses rituais matinais normalmente inconspícuos são interrompidos — quando a pasta de dentes ou seu cereal favorito acabou e precisa usar outra marca, ou quando um convidado toma banho primeiro, acabando com a água quente —, as pessoas relatam se sentirem "estranhas" o dia todo. Pesquisas com imagens cerebrais realizadas por mim e meus colegas mostram que nossos rituais nos parecem tão corretos que observar outras pessoas os seguirem de uma forma diferente ativa regiões do cérebro associadas à punição.[23]

Ao determinar as diferenças entre ritual e hábito, não há um conjunto distinto de comportamentos que pertença somente a um ou ao outro. Em vez disso, trata-se da emoção e do significado que emprestamos aos comportamentos. Duas pessoas podem fazer exatamente a mesma coisa, algo tão comum quanto preparar o café. Para uma, trata-se do objetivo final: obter cafeína da maneira mais rápida possível. O *que*. Para a outra, é sobre o *como*. Moagem grossa, nunca média ou fina. Ou cafeteira francesa, sempre e unicamente ela. Para a primeira, trata-se de hábito automatizado. Para a segunda, de um ritual cheio de significado.

A ciência da mudança comportamental pode lançar luz sobre a diferença entre o "o que" do hábito e o "como" do ritual. Na década de 1930, o autoproclamado "psicólogo comportamental" B.F. Skinner identificou pela primeira vez a sequência de três estágios, "estímulo, resposta e recompensa", como sendo crucial ao sistema de modelagem do comportamento que ele chamou de *condicionamento operante*.[24]

Todos aprendemos por meio de reforços positivos e negativos do ambiente. Quando obtemos uma recompensa que nos satisfaz — saímos para correr, por exemplo, e em seguida sentimos um fluxo de endorfina —, nosso comportamento é positivamente reforçado. Então o repetimos para receber a recompensa de novo. Uma vez que continuamos sendo recompensados, passamos a desejar a experiência.

Em *O poder do hábito*, Charles Duhigg identificou esse desejo como a força impulsionadora por trás do ciclo do hábito.[25] Bons hábitos são difíceis de manter até entrarmos nesse ciclo, que é o ponto em que eles se tornam automatizados — ou seja, deixam de exigir esforço ou consciência. Pense nos hábitos como soluções repetidamente bem-sucedidas para desafios e tentações que encontramos todos os dias: as mensagens de amigos interferindo na nossa capacidade de focar o trabalho, o cheiro de *croissant* recém-saído do forno nos tentando a pensar em um segundo café da manhã ou um dia difícil tornando irresistível a possibilidade de uma noite inteira assistindo TV. Se os hábitos estão alinhados com as recompensas do bom condicionamento físico, da produtividade e do bem-estar, já não precisamos prestar atenção a nenhuma dessas dicas ambientais. Como um algoritmo confiável — *se faço isso, então acontece aquilo* —, o cérebro nos devolve à ação familiar. Se o telefone toca durante as horas de trabalho, nós o colocamos no silencioso. Se o cheiro de pão quente nos deixa com fome, atravessamos a rua e nos afastamos do aroma que nos faz salivar. Tais hábitos são úteis. No campo da economia comportamental, as intervenções agora conhecidas como *nudge* [cutucadas] modelam nossas ações por meio de um feito similar de engenharia.[26] Os *nudges* influenciam os bons hábitos ao projetar "ambientes ideais" para garantir que o comportamento se alinhe aos objetivos de longo prazo — depósitos automáticos na poupança, por exemplo, ou pratos menores para reduzir a quantidade de comida.

Há muito a se ganhar com essa automatização. Não temos tempo para pensar em cada decisão necessária em um dia comum. Entretanto, cada vez mais, penso também no quanto temos a perder. A resposta algorítmica do tipo "se faço isso, então acontece aquilo" é a melhor maneira de encontrarmos felicidade, propósito ou amor? É sempre um erro não mantermos bons hábitos, ou a experiência de saborear uma sobremesa ultracalórica é um tipo diferente de sucesso? Por mais úteis que os hábitos possam ser para otimizar certos aspectos da vida, eles possuem limitações inerentes que nos posicionam no reino mecanicista das dicas, rotinas e recompensas. O título da satírica versão de bem-estar de Tom Ellison em *McSweeney* diz tudo: "Eu otimizei minha saúde para tornar minha vida tão longa e pouco prazerosa quanto possível."[27] Nossa fixação na eficiência não nos deixa ver como os comportamentos peculiares que compõem tantos rituais podem ser parte importante daquilo que faz com que a vida valha a pena ser vivida. É como passar do preto e branco para o tecnicolor. Os bons hábitos nos automatizam e nos ajudam a cumprir tarefas. Os rituais nos animam, aprimorando e encantando nossa vida com algo mais.

Rituais como geradores de emoção

A natureza intrinsecamente emocional dos rituais é o que lhes dá um potencial animador. Os psicólogos Ethan Kross e Aaron Weidman sugerem que as emoções sejam ferramentas que usamos para necessidades e tarefas específicas: sentir tristeza pode nos levar a reassistir à nossa série de comédia favorita a fim de gerar alegria.[28] Sentir solidão pode nos levar a pedir um abraço para gerar conexão. Mas há limites na nossa habilidade de usar as emoções como ferramentas: nem sempre podemos gerá-las à vontade. Quando estamos tristes ou deprimidos, não podemos nos obrigar a sentir alegria. Quando estamos estressados, raramente funciona nos repreendermos para manter a calma. Muitas vezes, precisamos agir, fazer algo (ir ao cinema, caminhar, ouvir música) para modificar ou amplificar o que estamos sentindo. E é aí que entram os rituais. Pense neles como *geradores de emoções*. Quando um conjunto particular de movimentos se liga a uma emoção específica, esse conjunto de ações, esse ritual, fica disponível para gerar a emoção relevante — do mesmo modo que um catalisador na cozinha, como o fermento.

Um dia repleto de bons hábitos pode fazer com que nos sintamos produtivos e orgulhosos. Mas o hábito é limitado quanto a ampliar nossas experiências emocionais. Essa amplitude importa — mais do que imaginei. Na pesquisa liderada por minha colega Jordi Quoidbach, demonstramos que a diversidade das experiências emocionais — o que chamamos de *emodiversidade* — está associada a benefícios mensuráveis em nosso bem-estar.[29] A emodiversidade é próxima da *biodiversidade*, o termo usado para descrever como a saúde de um ecossistema físico depende da relativa abundância e variedade das espécies que ele contém (um ecossistema com muitos predadores e poucas presas, por exemplo, não é sustentável, porque não alcança um equilíbrio).

Imagine que eu lhe peça para listar todas as emoções que experimenta durante um dia, tanto positivas (como alegria ou orgulho) quanto negativas (como raiva ou repulsa), e que me diga também quão feliz, de modo geral, sentiu-se nesse dia. Os resultados da pesquisa mostram que a diversidade de emoções — contentamento, diversão, euforia, espanto e gratidão, mas também tristeza, medo e ansiedade — leva a experiências sentimentais mais ricas e está ligada ao bem-estar geral. Parece óbvio que é melhor ter três momentos de alegria em um dia que dois momentos de alegria e um de ansiedade. E é verdade que emoções positivas, como alegria e contentamento, são indicadoras de uma vida boa. Um conjunto de estudos com mais de 37 mil pessoas, porém, nos levou a um insight diferente e menos intuitivo. Usando os mesmos métodos de pesquisa empregados para quantificar a biodiversidade de ecossistemas, mostramos que a variedade e a relativa abundância de emoções que experimentamos — e não somente a predominância de emoções positivas — preveem nosso bem-estar.

Nossas descobertas sobre os benefícios da emodiversidade oferecem um contraste radical a muitas hipóteses da cultura contemporânea sobre o papel dos hábitos na organização de nossa vida. Sim, hábitos podem ser usados para nos aproximar de metas — mais músculos, menos TV até de madrugada, menos tártaro —, mas podem ser menos úteis quando se trata de canalizar toda a gama de sentimentos que temos. O que a pesquisa sobre emodiversidade revela é que podemos não estar focando o suficiente em todos os diferentes aspectos — a amplitude — de nosso repertório emocional. Uma analogia ilustra esse ponto. Usando somente cores primárias (vermelho, azul, amarelo) podemos produzir obras brilhantes — Picasso é conhecido por ter feito muita coisa usando somente o azul.[30] Mas os seres humanos também podem perceber incontáveis tons sutilmente diferentes, usando todo o espectro de cores. Os hábitos são os vermelhos, amarelos e azuis; os rituais nos trazem os tons — o vibrante vermelho-alaranjado do fauvismo e a profunda escuridão do Vantablack, que absorve quase 100% da luz visível.[31]

Os pesquisadores que estudam as emoções aceitam cada vez mais que nossa amplitude emocional se estende para além das sete emoções básicas — raiva, surpresa, repulsa, alegria, medo, tristeza e, mais recentemente, desdém — que Paul Ekman, um importante especialista da área, identificou na década de 1960.[32] Não há consenso sobre o número total. Hoje, alguns pesquisadores acreditam existirem 27 ou 28 emoções.[33] Outros identificam até 150.

Sejam eles um convite para dar uma boa chorada ou uma chance de canalizar a raiva, sejam uma conexão com o assombro e a fascinação, vejo os rituais como uma das ferramentas mais eficientes da humanidade para evocar a maior gama possível de repertório emocional. Eles oferecem a possibilidade de transformar atividades tão comuns quanto a higiene matinal, as tarefas domésticas e os exercícios diários em experiências cheias de entusiasmo, conjurando deleite, fascinação ou paz.

Mas será que as ferramentas da ciência comportamental podem ser usadas para testar como os rituais funcionam no cotidiano? Operando no interior da estrutura da economia comportamental e imbuído do espírito criador do Laboratório de Mídias, decidi que estava na hora de mergulhar nessa questão. Comecei a pensar maneiras de fazer essa medição e documentar os efeitos — tanto no laboratório quanto fora dele. O primeiro passo foi determinar como avaliar os efeitos do ritual e calcular a influência dele na experiência subjetiva da vida. Em minha carreira acadêmica, utilizei vários métodos diferentes, mas descobri que uma das melhores maneiras de estudar experiências subjetivas é a mais simples: perguntar. Comecei a fazer isso enquanto conduzia a primeira pesquisa sobre felicidade. Eu perguntava às pessoas "Quão feliz você está com...?" — o dinheiro que gastavam, o sapo de origami que dobravam e mesmo a vida em geral.

Rituais e rituais faça-você-mesmo

Por essa mesma lógica, minhas investigações científicas de diferentes rituais muitas vezes começam comigo perguntando às pessoas se seguem algum ritual e, se sim, como se sentem a respeito. Ao longo dos anos, minha equipe de pesquisa e eu entrevistamos milhares de estadunidenses, jovens e idosos, religiosos ou não. Perguntamos se recorrem aos rituais em áreas ou períodos específicos da vida — de passar tempo com parceiros românticos a celebrar feriados com a família, de lidar com colegas de trabalho a tentar deixar o estresse profissional para trás ao fim do dia.[34]

Muitos dos rituais relatados são legados de tradições culturais, familiares ou religiosas, ou seja, carregam o peso da ancestralidade ou da religião. Tais práticas se estendem pelo tempo e pelo espaço e conectam o individual ao coletivo: ao realizá-los, o "um" se une ao "todos" — todos que cantam as mesmas canções posicionam as mãos da mesma maneira, acendem as mesmas velas e seguem os mesmos passos. Os rituais de herança têm grande poder sobre nossa imaginação, porque muitos deles — seja dançar nas ruas de Déli durante o Diwali, seja celebrar o Dia dos Mortos com uma oferenda de incenso, bolo e biscoitos, seja comer *matzá* durante o *seder* do *Pessach* — criam coesão social por meio de densas camadas de experiências sensoriais induzidas por roupas, luzes, músicas, danças e alimentos especiais.[35]

Entretanto, o que vimos repetidas vezes é que as pessoas nem sempre praticam rituais de herança invioláveis e antigos. Elas criam os próprios rituais, integralmente ou ao menos em parte. Da mesma maneira que minha mulher e eu improvisamos o ritual da hora de dormir da nossa filha. Chamo essas práticas peculiares e inovadoras de rituais faça-você-mesmo.

Podem ser rituais íntimos que unem casais: *Sempre nos beijamos três vezes. Não tenho certeza de como começou, mas, após 22 anos, parece muito estranho se não forem três beijos.* Rituais matinais únicos e tocantes: *Lavo o carro de uma pessoa amada uma vez por semana, como ela fazia quando estava viva.* Rituais para se preparar para uma performance: *Respiro fundo várias vezes e "sacudo" o corpo para remover a energia negativa.* Rituais para encerrar o dia: *Quando tomo banho depois do trabalho, imagino que todo o hospital se transforma em líquido e escorre pelo ralo.*

Nosso questionário sobre algumas práticas ritualísticas comuns confirmaram quão difundidos são os rituais e quão peculiares e emocionalmente ricos eles podem ser. Ao contrário das hipóteses prevalentes, incluindo as minhas, os rituais não são somente ou mesmo primariamente conjuntos de instruções ou roteiros que recebemos passivamente. Eles são práticas que adaptamos e criamos, escolhendo e selecionando recursos no vasto repertório de ferramentas culturais.

Decida quem você é: estabeleça sua assinatura ritualística

Além do papel como geradores emocionais, muitos desses rituais ganham sentido ao nos conectarem ao processo ativo que os cientistas sociais chamam de *trabalho identitário*.³⁶ Trata-se de rituais pessoais; criá-los inspira uma sensação de posse, de os ter imbuído de pessoalidade e os utilizado para expressar um senso de *self* que é único. Nossa maneira específica de fazer coisas, mesmo as menores e mais mundanas — nosso *como* —, é o que chamei de *assinatura ritualística*. Posso ter o hábito de correr todos os dias, mas o ritual que sigo ao amarrar o tênis faz com que eu incorpore minha identidade de corredor. Minha parceira e eu podemos ter o hábito de jantar ao mesmo tempo, mas usar os pratos que criamos juntos na aula de cerâmica faz de nós um casal. Meus pais e irmãos podem ter o hábito de celebrar o Natal juntos, mas o ritual de tocar Johnny Mathis é o que faz de nós uma família. Em resumo, o como — nossa assinatura ritualística única — faz parte do porquê da vida.

Conforme minha pesquisa progredia, descobri quão importantes são essas ligações com nossas identidades e esse sentimento de posse em relação aos rituais.

Capítulo 2

Você colhe o que planta

Nada vai funcionar a menos que você faça funcionar.

— Maya Angelou

Na estante do meu escritório, há uma pequena escultura de pedra que criei durante uma oficina de arte. Eu estava muito determinado quando fiz a inscrição. Após a primeira aula, no entanto, e em todas as que se seguiram, me surpreendi ao perceber que, ao contrário de mim, muitos alunos tinham talento. Em todas as aulas, eu olhava ao meu redor, cheio de inveja, enquanto pessoas de todos os segmentos da vida universitária se sentavam, aparentemente confiantes, e usavam pedaços de pedra para criar representações elegantes e reconhecíveis da forma humana. Minha pequena escultura de pedra, em contrapartida, em nada se parecia com o corpo humano ou, na verdade, com qualquer outra coisa.

Nas muitas vezes em que me mudei desde a faculdade, porém, sempre a embrulhei em plástico-bolha e a guardei em uma caixa, a fim de levá-la comigo para a próxima etapa da minha vida. Sei que ela jamais será exibida em um museu. Se eu a visse na mesa de alguém, perguntaria se foi feita por uma criança. O que ela significa não é arte de qualidade. A maior parte das pessoas sequer a chamaria de *arte*. Mesmo assim, é uma criação minha.

O valor que dou a essa peça pessoal de artesanato pode ser parcialmente entendido por meio de um fenômeno que os cientistas comportamentais e ganhadores do prêmio Nobel Daniel Kahneman e Richard Thaler chamaram de *efeito posse*.[1] Em uma série de experimentos nos quais distribuíram aleatoriamente itens como canecas, chocolates e ingressos para jogos de beisebol, Kahneman e Thaler provaram que o simples fato de possuirmos algo faz com que valorizemos esse objeto mais do que o faríamos se ele não fosse nosso. As pessoas estão dispostas a pagar mais para manter a caneca que já têm do que para comprar uma caneca idêntica que ainda não possuem. Ninguém precisa de uma caneca extra, mas, uma vez que a utilizamos — quando a possuímos —, detestamos nos separar dela, da mesma maneira que eu não consigo abrir mão da minha obra de arte pouco atraente.

Mas meu apego a essa escultura reflete outro fenômeno psicológico que o efeito posse não captura integralmente. Eu me esforcei para criá-la. Mesmo que o resultado tenha sido medíocre, trabalhei duro durante semanas naquela oficina de escultura. Quando direcionei um olhar analítico para essa obra de amor, comecei a me perguntar se o esforço investido era responsável pela ligação emocional. A questão ficou girando dentro da minha mente, mas só se tornou pertinente quando li sobre o mundo da alimentação industrial e da culinária de alta velocidade de meados do século XX — mais especificamente, quando li sobre ovos e bolos recém-assados.

Engajar-se com o bolo que você prepara

Em 1956, a Editora Street & Smith, que publicava a revista de culinária e estilo de vida *Living*, enfatizou as conveniências da era moderna ao levar às leitoras de volta no tempo e mostrar como os bolos eram preparados no século XIX. A revista detalhou um processo exaustivo que exigia a ajuda de todas as pessoas da residência durante dois dias: moer o açúcar, descaroçar as uvas e ferver o leite eram somente algumas das dezenas de tarefas necessárias antes que os ingredientes pudessem ser reunidos em uma tigela. Na conclusão do artigo, os editores da *Living* lembraram às leitoras como deviam ser gratas pelas cozinhas de vanguarda da época: "Basta abrir uma caixa de mistura para bolo, adicionar o líquido, ligar a batedeira, aquecer o forno até a temperatura adequada e então ir ler um livro."[2]

Mas, quando essa reconfortante promessa de mais tempo livre foi publicada, as vendas de mistura para bolo estavam estagnadas. Quando elas foram oferecidas pela primeira vez após a Segunda Guerra Mundial, as mulheres esvaziaram as prateleiras dos mercados. Em 1947, 79 milhões de dólares em misturas para bolo foram vendidos em supermercados de todo o país.[3] Em 1953, esse número dobrou, chegando a quase 150 milhões. Parecia que tinham tudo para se tornar um item essencial das residências, estocadas em todas as despensas dos Estados Unidos.

Até que, subitamente, poucos anos depois, em meados da década de 1950, as vendas caíram sem razão aparente. As jovens donas de casa que criavam filhos e alimentavam maridos trabalhadores pareciam ser o mercado perfeito para produtos fáceis de misturar. Só que as cozinheiras novatas demonstraram pouco interesse.

A Betty Crocker, subsidiária da General Mills e uma das maiores empresas do mercado de misturas para bolo, ficou preocupada com aquela queda e contratou o psicólogo vienense Ernest Dichter na esperança de ter um insight sobre aquele insucesso entre mulheres jovens. Dichter, outrora acólito de Sigmund Freud, geria a própria organização de pesquisas de consumo, o Institute for Motivational Studies & Research (IMSAR, sigla para Instituto de Pesquisa Motivacional, em tradução livre). Usando técnicas psicanalíticas que aprendera com Freud, o psicólogo estudava os pensamentos subconscientes e os desejos subliminares dos consumidores. Essa nova abordagem da pesquisa de mercado usava o que ele chamava de "grupos focais".[4]

Dichter descobriu que as misturas para bolo eram fáceis demais. Como envolviam pouco esforço, as mulheres não se sentiam engajadas no preparo. "Sim, eu uso mistura para bolo", confessou uma delas, com vergonha. "Economiza tempo, mas sei que não deveria usar." Em outro grupo focal, um colega de Dichter notou que uma das mulheres cometeu um ato falho ao descrever os próprios hábitos culinários: "Sobretudo quando estou com pressa, gosto de comidas demoradas."[5] Esse deslize foi revelador. Ao ouvir a palavra *demoradas*, mais e mais mulheres do grupo focal confessaram se sentir culpadas por economizar tempo usando misturas. O tempo na cozinha — mais especificamente, o tempo empregado fazendo um bolo — era uma linguagem de amor para aquelas jovens em meados do século XX. Uma pesquisa de 1953 da Gallup revelou que o bolo era o segundo "teste real da habilidade culinária de uma mulher", atrás apenas da torta de maçã.

Após semanas analisando os sonhos e desejos dessas mulheres, Dichter entregou suas recomendações à equipe executiva da Betty Crocker: não facilitem tanto a vida das donas de casa. Sem esforço adicional, disse ele, elas nunca se sentirão engajadas o suficiente com o produto que sai do forno. Com base nesse conselho, a empresa reformulou suas misturas e excluiu os ovos desidratados. Não se resumia apenas a acrescentar o líquido, mas também quebrar os ovos dentro da tigela antes de ligar a batedeira. Especialistas em consumo citam essa decisão como um momento de virada das misturas para bolo da empresa e da história dos alimentos prontos como um todo. Essa pequena adição de esforço, somente um passo a mais, permitiu que as mulheres se sentissem mais engajadas na preparação do bolo.

A realidade não é tão simples assim: a Betty Crocker, com uma mistura que só precisava de ovos, e a Pillsbury, com uma mistura completa, dividiram a maior parte desse mercado durante o restante da década de 1950 e toda a década de 1960. Mas, mesmo que a inovação relacionada aos ovos não tenha sido a única salvação das vendas nem tenha sido apreciada por todos os consumidores, a pesquisa de Dichter refletiu uma verdade histórica sobre a experiência das donas de casa.

Ele entendeu que elas queriam investir algo de si mesmas no trabalho. O esforço adicional — quebrar ovos — transformou o preparo de um alimento conveniente em um ato de amor.

Era uma ideia tão atraente que iniciamos uma pesquisa para comprová-la. Minha colega Ximena Garcia-Rada notou extremo rancor on-line direcionado a pais e mães que usavam o Snoo — um dispositivo que embala o bebê até ele dormir, para que você não precise fazer isso. Uma pessoa escreveu: "Se precisa desse dispositivo, você não deveria ter filhos." Outra comentou: "Você poderia deixar de ser um merda e começar a cuidar dos próprios filhos." Em uma série de estudos, demonstramos que não se trata apenas de comentaristas zangados que exibem sentimentos negativos em relação a produtos projetados para facilitar os cuidados. Os próprios cuidadores sentem que estão falhando em demonstrar amor quando escolhem o caminho mais fácil. A única maneira que encontramos de fazer com que os pais se mostrassem mais dispostos a obter ajuda foi mudar o slogan de "Com Snoo, o bebê dorme mais facilmente" para um que reconhecia o engajamento parental: "Você dá beijinho e o Snoo faz o bebê dormir facinho."[6]

O efeito Ikea: criar um objeto dá mais valor a ele

Essas duas histórias mostram que as pessoas preferem o esforço à facilidade. Eu queria entender se esse desejo de se esforçar era tolo ou, às vezes, sábio. Ao pouparmos tempo, sacrificamos algo importante? Meus colegas e eu iniciamos nossos experimentos com o produto mais mundano, padronizado e impessoal que se possa imaginar: uma caixa de armazenamento preta da Ikea, originalmente projetada para guardar CDs (que já eram obsoletos na época do estudo).

Convidamos 52 participantes para o experimento em uma universidade no sudeste dos Estados Unidos. Cada participante, recompensado com cinco dólares, foi designado a um de dois grupos. O primeiro grupo, dos não montadores, recebeu uma caixa preta montada para inspecionar. O segundo grupo, dos montadores, recebeu uma caixa desmontada e as instruções para montá-la.

Depois que as caixas foram inspecionadas e montadas, perguntamos aos participantes de ambos os grupos quanto pagariam por elas. Os que haviam inspecionado a caixa estavam dispostos a pagar 48 centavos. Os que tiveram de montá-la estavam dispostos a pagar 78 centavos — um acréscimo de 63%.[7] Em vários outros estudos, envolvendo não somente a caixa da Ikea, mas também sapos e pássaros de origami e peças de Lego, descobrimos que os participantes consistentemente davam mais valor aos objetos que haviam ajudado a criar.

O efeito Ikea explica por que ainda valorizo tanto minha escultura e por que tantos de nós não conseguem se desfazer da caneca lascada que fizemos naquela aula de cerâmica há tantos anos. Possuímos esses objetos não apenas porque eles nos pertencem ou são nossa propriedade. Também os possuímos porque investimos algo de nós mesmos em sua criação e, consequentemente, nos identificamos mais com eles e lhes damos mais valor.

Mais de uma década depois de os estudos sobre o efeito Ikea serem publicados, ele é um fenômeno psicológico tão estabelecido que até encontrou um lugar na cultura pop. Fiquei chocado ao saber que o efeito Ikea foi apresentado no programa de auditório *Jeopardy!* como resposta à dica nº 205.641: "O 'efeito' nomeado em referência a uma empresa fundada em 1943 se refere à valorização de um produto caso o consumidor tenha que se envolver na sua montagem."[8]

Uma equipe de psicólogos do desenvolvimento até mesmo conduziu um estudo para ver se crianças começam a demonstrar o efeito em alguma idade particular: 64 crianças entre 3 e 6 anos receberam dois monstros de brinquedo diferentes, ambos de espuma.[9] Elas ajudaram a montar o primeiro monstro, usando um conjunto de instruções, e só seguraram o segundo por alguns segundos. Será que as crianças apresentavam o efeito Ikea? Os pesquisadores descobriram que as crianças de 5 e 6 anos deram notas mais altas aos monstros que ajudaram a montar, mas as crianças entre 3 e 4 anos, não. Esses resultados sugerem que é a partir dos 5 anos que crianças exibem o efeito Ikea por já terem uma noção de identidade mais amadurecida, ligando-a a um valor maior aos monstrinhos de espuma.

O poder do faça-você-mesmo

Quando começamos a questionar as pessoas, descobrimos que os rituais faça-você-mesmo são importantes. Elas exibiam o mesmo fenômeno psicológico agora identificado como efeito Ikea. Os rituais de herança são pré-fabricados: assim como as caixas da Ikea, não participamos de sua criação. Em certo sentido, eles também são pré-montados. Mas os rituais peculiares e pessoais são feitos sob medida. Nós os criamos, nem sempre do zero, mas a partir de qualquer material à disposição. Como este casal, que criou um ritual personalizado e significativo com uma série de kits de cervejaria artesanal:

A cada estação, eu e meu marido fabricamos nossa própria cerveja. Escolhemos o kit mais adequado à época do ano (cervejas leves para o verão, cervejas mais escuras para o Natal). Isso faz com que fiquemos empolgados com a chegada da nova estação ou data festiva e também nos dá algo para beber enquanto desfrutamos da ocasião. Temos diferentes tarefas durante a fabricação de cada cerveja, cada um de nós faz algo específico no processo de cada uma.

Seja em relação a um bolo, a uma caixa de CDs esquecível ou a uma cerveja artesanal, o trabalho leva a mais amor. Com o tempo, desenvolvemos maneiras próprias de performar os momentos mais comuns da vida, e esses atos de posse definem nossa assinatura ritualística. Eles são uma das formas mais importantes de investir algo de nós mesmos no mundo à nossa volta, enriquecendo e aprofundando nossa experiência.

Considere alguns exemplos compartilhados comigo ao longo dos anos:

Tudo começou quando nos casamos e finalizamos uma refeição dividindo uma das últimas maçãs Fuji no cesto. Decidimos acrescentar um quadradinho de chocolate amargo àquela sobremesa improvisada porque havia um pacote esquecido na geladeira. Doce e amargo, escuridão e luz. Ela disse que isso soava poético, e começamos a rir. Fizemos a mesma coisa na noite seguinte porque… bem, por que não? Então começamos a nos planejar para isso: sempre tínhamos maçãs — somente Fuji — e o mesmo chocolatinho enrolado em papel-alumínio. Com o tempo — depois de noites, meses, anos —, esse pequeno ato de comer maçãs e chocolate amargo após o jantar se tornou "nós". É o que fazemos.

Quando o *lockdown* chegou em Nova York, em março de 2020, os voluntários se reuniram e concordaram em manter o banco de distribuição de alimentos funcionando durante toda a pandemia de covid-19. Estávamos com medo — muito pouco se sabia sobre o vírus nos primeiros meses de 2020 —, mas a alternativa era pior. O que aconteceria a todas as pessoas que dependiam do banco para se alimentar? Na terceira semana de março, nos preparamos para abrir as portas para as pessoas famintas que faziam fila do lado de fora. Começamos a chorar. Foi quando começou: fizemos um círculo e nos abraçamos. Então, sem sequer discutir, repetíamos o mesmo abraço comunal todas as vezes em que trabalhávamos no banco de alimentos. Três anos depois, ainda fazemos o mesmo círculo para um abraço grupal sempre que estamos prestes a abrir as portas. Hoje, isso parece a promessa de um novo começo, mas também sentimos o peso de todas as perdas. O abraço demonstra quão vulnerável nosso corpo estava e como nós ainda estamos vulneráveis. Toda terça-feira, às 13h55, lá estamos nós. É um abraço para sentir tudo: tudo o que cada um de nós enfrentou, não somente aqui, mas em todo o mundo.

Rituais mais recentes e caseiros terem tanto significado — às vezes, mais — quanto rituais de herança que incluem cantos, velas, músicas, arquitetura deslumbrante, vitrais e textos antigos foi uma revelação que deu origem a perguntas inéditas e a novas maneiras de obter respostas. Por que kits de fabricação de cerveja artesanal? Maçãs e chocolate amargo? Abraços comunais toda terça-feira às 13h55? Sabendo que até rituais inventados podem ter impacto emocional, criamos experimentos controlados usando rituais completamente originais, sem significado cultural ou religioso. Essa metodologia nos permitiu levar pessoas até o laboratório, pedir que encenassem um de nossos rituais (ou não) e analisar se ele realmente molda nossas experiências e, portanto, nossa vida.

Capítulo 3
O efeito dos rituais

*E aqueles que foram vistos dançando foram julgados insanos
por aqueles que não podiam escutar a música.*

— Friedrich Nietzsche

Rafael Nadal é considerado um dos mais habilidosos jogadores de tênis do mundo.[1] O espanhol de 37 anos dominou as quadras de saibro por tanto tempo — no momento em que escrevo isto, ele possui a maior sequência de vitórias no mesmo tipo de quadra da Era Open —, que muitos argumentam que ele é o maior tenista de todos os tempos.

Nadal também é conhecido por outra característica: sua assinatura ritualística, chamativa e única. O elemento mais notório dessa assinatura é ajeitar a cueca — a revista *GQ* concedeu a ele o título de "mais famoso ajustador de roupa íntima da história".[2] Mas isso é somente parte de uma sequência muito maior de ações, incluindo dar um puxão na camiseta, ajeitar o cabelo e secar o rosto. Em uma partida difícil, ele repetiu esse padrão 146 vezes. Antes das partidas sequer começarem, ele precisa ingerir seu energético em gel. Ele rasga a parte de cima, dobra a lateral e dá quatro apertões distintos no pacote. Em vez de serem feitas para alcançar um objetivo — "Preciso comer esse gel antes da partida" —, suas ações parecem aleatórias. Por que quatro apertões? Por que não três ou cinco? Por que puxar a camiseta e arrumar o cabelo, e não o contrário? Por que ajeitar a cueca toda vez?

Nadal explica que essas ações trazem benefícios psicológicos: "Não é algo que eu precise fazer, mas, quando faço, significa que estou focado."[3] Alguns debatem se os comportamentos excêntricos do tenista são superstições, compulsões ou ambas as coisas. Mas, para começar a explicar como e por que Nadal pode ter chegado a comportamentos tão específicos, vale a pena voltarmos 75 anos no tempo, até a descoberta que o psicólogo B. F. Skinner — o teórico por trás do trio formador de hábitos "estímulo, resposta, recompensa" — fez em um experimento menos conhecido. Skinner projetou e construiu caixas com alavancas e interruptores que, quando bicados ou empurrados (por pombos ou ratos), liberavam comida.

Usando esses aparatos, que depois ficaram conhecidos como caixas de Skinner, o psicólogo criou ambientes que condicionavam o comportamento dos animais de laboratório ao recompensá-los por todos os passos dados em direção ao objetivo desejado. Ele ensinou os pombos a pressionarem alavancas e puxarem cordas, reforçando o comportamento com petiscos em todas as vezes. Passo a passo, também recompensou os pombos por se moverem em círculos e, com o tempo, por feitos mais impressionantes, como jogar tênis de mesa. Skinner se tornou o pai de uma abordagem do aprendizado que enfatiza o papel do reforço; ele a chamou de *condicionamento operante*.[4] Se uma ação leva a resultados ruins, nós a realizamos cada vez menos. Se leva a resultados bons, é reforçada e nós a realizamos mais vezes. Quando um pombo bica uma alavanca e recebe grãos de ração, o comportamento é reforçado e ele volta a bicá-la.

Em 1948, todavia, Skinner fugiu do roteiro. Ele escolheu um grupo de pombos bem alimentados e os condicionou a um estado constante de fome, reduzindo sua massa corporal a 75% do peso normal. Por alguns minutos, todos os dias, cada pombo era colocado em uma caixa contendo um dispensador que o alimentava em momentos aleatórios, independentemente do que o animal fizesse. Ações como pressionar a alavanca com o bico, que resultavam em recompensa alimentar, já não tinham resultado. Você poderia pensar que, dada a total falta de controle, os pombos desistiriam e aproveitariam o almoço grátis quando quer que ele fosse servido.[5] Mas não foi o que aconteceu. Skinner compartilhou algumas das disposições técnicas que eles desenvolveram para conseguir alimento:

Um pássaro foi condicionado a girar no sentido anti-horário, dando dois ou três giros entre os reforços. Outro enfiava a cabeça repetidamente em um dos cantos superiores da gaiola. Um terceiro desenvolveu uma resposta de "arremesso", como se colocasse a cabeça sob uma barra invisível e a erguesse. Dois pássaros desenvolveram um movimento pendular de cabeça e corpo no qual a cabeça era estendida e oscilava da direita para a esquerda, com um movimento rápido seguido por um retorno um pouco mais lento.

Na maior parte do tempo, os movimentos dos pombos não eram correspondidos com uma porção de alimento. O dispensador funcionava quando bem queria. Mas de vez em quando, ainda que de modo aleatório, os movimentos coincidiam com uma recompensa. O alimento podia surgir durante o terceiro giro anti-horário do pombo, por exemplo. Se assim fosse, o pombo — positivamente reforçado — repetia a ação, presumindo que ela resultaria em mais alimento. "Pode-se dizer que o experimento demonstrou um tipo de superstição", observou Skinner. "O pássaro se comporta como se houvesse uma relação causal entre seu comportamento e a presença de alimento, embora tal relação não exista." (Há a sensação, aqui, de que é o sujo falando do mal lavado: Skinner, buscando maneiras de aumentar a produtividade, dormia no escritório, dentro de um tanque de plástico amarelo, das 22 horas até 1 da madrugada, então acordava para trabalhar por uma hora e voltava a dormir das 2 às 5 horas da manhã.)

O que foi revelado nesse experimento pouco conhecido de Skinner? Na minha opinião, ele encontrou as fundações dos rituais e como eles emergem em tempo real. Presos em um ambiente confuso e incerto que não podiam controlar, os pombos improvisaram, iniciando e repetindo comportamentos aleatórios nos quais confiaram que podiam fazer o alimento aparecer. Eles desenvolveram assinaturas ritualísticas próprias.

O ritual como resposta à incerteza e ao estresse

Os pombos não são os únicos a recorrem a comportamentos ritualísticos para lidar com a ansiedade, o estresse e a falta de controle. Há muitas décadas, os pesquisadores de ciências sociais enfatizam a ligação entre incerteza e formas de pensamento mágico. Em seu clássico de meados do século XX, *Magia, ciência e religião e outros ensaios*, um dos mais famosos historiadores dos rituais do século XX, o antropólogo Bronislaw Malinowski, notou que aqueles que pescam em águas agitadas têm mais rituais que os que pescam em lagoas calmas.[6] Antes de iniciar a difícil viagem nas perigosas águas abertas da baía de Milne em canoas feitas à mão, os pescadores trobriandeses de Papua-Nova Guiné participam do Kula — uma elaborada e cerimonial troca de conchas e contas. Dada a incerteza da jornada que percorreriam de ilha a ilha, o Kula foi um dos muitos rituais que emergiram para lidar com a situação.

O relacionamento entre incerteza, risco e ritual foi extensivamente documentado. Por exemplo, comunidades em regiões que sofrem secas imprevisíveis desenvolvem rituais para invocar a chuva: alguns nativos do sudoeste dos Estados Unidos usavam materiais simbólicos, como pelo de bode e turquesa, para realizar danças da chuva.[7] Na Tailândia, a população realizava o Cat Parade, a duradoura tradição de colocar uma gata cinza ou preta em uma cesta e desfilar com ela pelo vilarejo, a fim de que as pessoas de todas as casas pudessem borrifar um pouco de água nela.

No beisebol, a vasta maioria dos rituais está ligada às rebatidas, nas quais a taxa de sucesso é inferior a 30%, mesmo entre os melhores jogadores do mundo.⁸ No caso das apanhadas, nas quais a taxa de sucesso é de 98%, os rituais são muito mais raros. Os fãs também se asseguram de ter "produtos da sorte" — bonés favoritos, meias especiais ou mascotes de pelúcia, como o famoso Rally Monkey, dos Angels — à mão quando as chances de conseguirem uma vitória são menores.⁹ Se a pessoa estiver confiante de que conseguirá um *home run*, de que pegará o peixe ou de que a chuva é iminente, é menos provável que ela recorra a um ritual para fazer isso acontecer.

No caso dos pombos famintos, a assinatura ritualística emergiu porque, diante da incerteza, eles tentaram descobrir maneiras de conseguir mais comida. Considere novamente alguns dos movimentos repetitivos e aleatórios que eles faziam: girar no sentido anti-horário, enfiar a cabeça em um dos cantos superiores da gaiola, fazer gestos pendulares com o corpo. À primeira vista, pode ser difícil imaginar seres humanos (exceto Rafael Nadal) adotando comportamentos tão aleatórios. No entanto, muitos dos rituais de herança mais antigos incluem comportamentos similares. Imagine seres humanos tocando a testa com os dedos, depois movendo os mesmos dedos para o centro do peito, e então para a esquerda e, por fim, para a direita. Por que fazem isso? O que significa? Para muitas pessoas, esses toques parecem uma sequência tão aleatória quanto os movimentos dos pombos de Skinner. Mas, para os adeptos de certas fés, esses gestos mecânicos são sagrados — eles têm significado, pois formam o sinal da cruz.

A perspectiva ritualística

O professor de psicologia da Universidade de Harvard Dan Wegner — visto por muitos como uma das mentes mais criativas no campo da pesquisa psicológica do final do século XX — era fascinado pelo que descreveu como "a relação entre o que as pessoas estão fazendo e o que *acham* que estão fazendo". Seu principal insight foi o de que qualquer ação pode ser identificada por suas partes mecânicas ou pelas aspirações elevadas que as informam. Se você integra certas religiões cristãs, enxerga o sinal da cruz como uma forma de honrar sua fé.[10] Você o faz — a demonstração da fé — tocando quatro lugares do seu corpo. A pesquisa de Wegner mostra que, sempre que possível, preferimos a identificação mais elevada da ação. Se você perguntar a uma pessoa o que ela está fazendo, é mais provável que a resposta seja "o sinal da cruz" em vez de "tocando meu corpo quatro vezes", mesmo que a segunda resposta seja tecnicamente tão verdadeira quanto a primeira.

Essa peculiaridade da psicologia humana começa a explicar por que tantos rituais envolvem ações aparentemente aleatórias. Por que Agatha Christie comia uma maçã na banheira, por exemplo? E o que fazia moradores de certos vilarejos tailandeses colocarem uma gata cinza ou preta em uma cesta? Não é acidental o fato de as ações mecânicas subjacentes a tantos rituais serem estranhas.

Na maior parte do tempo, não nos dedicamos a ações sem propósito: movemos as pernas para caminhar até algum lugar ou balançamos a mão para dizer "oi". Fechamos a janela por causa do vento frio e apagamos as luzes porque estamos prontos para dormir. Isso significa que, quando vemos alguém realizar uma sequência de ações sem propósito aparente, procuramos uma razão para tal. Se estranhos andam em círculos na calçada com a cabeça baixa, inferimos que estão procurando algo que deixaram cair, como chaves ou dinheiro. Se pessoas gesticulam expansivamente, concluímos que estão no meio de um telefonema, usando fones de ouvido. Um estudo mostrou que, quando crianças veem um adulto tocar (inutilmente) a tampa de um vidro com uma pena antes de desrosqueá-la e retirar um brinquedo, elas concluem que o toque da pena é importante. Quando chega a vez delas de pegar o brinquedo, repetem a ação com a pena.[11]

Os cientistas sociais Rohan Kapitány e Mark Nielsen chamaram essa tendência de *perspectiva ritualística*:[12] quanto mais inútil e desnecessário um comportamento nos parece, mais procuramos uma explicação para ele. Quando essa busca não oferece uma explicação simples, tendemos a inferir uma mais complexa: a de que comportamentos aleatórios devem possuir algum sentido mais profundo. As ações possuem o que os pesquisadores chamam de *opacidade causal*, e, precisamente porque somos incapazes de compreender seu propósito ou prever seu resultado, as consideramos especiais.

Para entender o que quero dizer, imagine que sua amiga Ana esteja sem luz e vasculhe as gavetas da cozinha em busca de uma vela. Dadas as circunstâncias, o comportamento dela faz total sentido: ela precisa encontrar uma fonte de luz porque nenhuma das lâmpadas está funcionando. Mas e se ela vasculhar as gavetas, procurando vela e fósforo, enquanto a cozinha estiver iluminada? Nesse caso, como a vela não é necessária para fornecer luz, concluímos por intuito que deve ser para um propósito ritualístico, como ser colocada sobre um bolo de aniversário, saudar o *seder* ou honrar a memória de um ente querido.

Mesmo as atividades mais funcionais — como o alongamento antes de uma corrida, por exemplo — podem se tornar ritualizadas. Ações rotineiras se tornam um ritual quando precisamos realizá-las de maneira específica. *Como* completamos as ações é mais importante que completá-las. Isso pode significar que você precisa realizá-las em um momento ou uma sequência específicos. Também pode significar que você precisa usar exatamente tal roupa, como a juíza Ruth Bader Ginsburg com suas golas de renda; ou se sentar em determinado lugar, como nos jantares em família de quando eu era criança; ou estar virado para certa direção, como Charles Dickens na hora de dormir.[13] Em todos esses exemplos, os detalhes particulares que se tornam mais importantes que as ações necessárias — detalhes esses que não têm nenhuma relação causal direta com o mundo externo — transformam as atividades comuns, que a princípio eram meramente funcionais, em algo de profunda importância, que pode até fazer com que o comum pareça extraordinário.

A perspectiva ritualística também ajuda a explicar por que escolhas práticas podem continuar sendo consideradas rituais mesmo se tiverem perdido o propósito original. Em certas culturas, por exemplo, o noivo não pode ver o rosto da noiva antes do casamento; assim, a noiva usa um véu para garantir que isso não aconteça. Mas há muitas culturas nas quais os noivos não só se veem como, em muitos casos, já moram juntos antes do casamento, e o véu continua fazendo parte da cerimônia.[14] Embora a lógica original já não se aplique, a prática se manteve e passamos a dotá-la de significado: o véu oferece um ar de mistério e erguê-lo é como revelar um novo *self*, que agora é parte de um casal. Quanto menos explicável for a ação, mais propícia ela é para uma interpretação ritualística.

Os rituais dependem da nossa capacidade — e disposição — de transformar o meramente mecânico em algo profundamente significativo. Quando dotamos o mundano de um sentido mais profundo, oferecemos a nós mesmos uma maneira de usar o que tivermos à disposição — mãos, velas, véus, maçãs, gatos, cestas — para canalizar emoções.

É óbvio que os rituais de rebatida, no beisebol, e as danças da chuva não garantem sucesso, apesar dos esforços e expectativas que possamos ter investido neles. Skinner notou, em seus famosos pombos, a tendência de entregar-se ao pensamento mágico ao depositar esperança nos rituais:

Algumas conexões acidentais entre ritual e consequências favoráveis são suficientes para estabelecer e manter o comportamento a despeito de muitas repetições sem reforço. A jogadora de boliche que já lançou a bola na pista, mas continua a se comportar como se pudesse controlá-la contorcendo o próprio corpo é outro exemplo. Esses comportamentos não têm nenhum efeito real sobre a sorte ou a bola no meio da pista, assim como, no presente caso, o alimento surgiria com a mesma frequência ainda que o pombo nada fizesse — ou, em termos mais estritos, fizesse outra coisa.

Como os pombos, as pessoas podem se envolver em qualquer tipo de ritual, mas girar no sentido anti-horário ou escolher o gato da cor certa não fará com que a comida apareça ou a chuva caia. Então por que nós — todos nós, de maneiras distintas — persistimos? Se não podemos conseguir magicamente um *home run* perfeito quando estamos rebatendo ou um *strike* quando jogamos boliche, por que insistimos, de modo tão consistente e frequente, nesses esforços elaborados?

Skinner fornece parte da resposta: ao menos algumas vezes conseguimos o resultado desejado logo depois de realizar o ritual, então nosso comportamento é reforçado — às vezes, a comida é liberada pelo dispensador; às vezes, a canoa chega sã e salva à margem após uma tempestade; e, às vezes, os fãs mais devotos testemunham uma grande vitória depois de usarem seus casacos da sorte. Mas isso só ocorre uma vez ou outra. Por que, então, rituais emergem e são repetidos constantemente em nossa vida, mesmo quando falham em produzir o resultado desejado?

Realizar um ritual pode mesmo mudar quem somos?

É absurdo pensar que o ritual certo poderia me preparar para entrar no palco com Keith Richards ou que uma dança da chuva bem executada invocaria nuvens carregadas, certo? É seguro afirmar que Skinner achava que sim, baseado na tese que ele fez a partir dos esforços de seus pombos: "Esses comportamentos, é claro, não possuem efeito real."

Todos concordamos que rituais da chuva não fazem chover. Mas a seca, como muitas outras formas de escassez (de comida, dinheiro, abrigo, respeito), também provoca tensões sociais: medo, raiva, frustração, ganância (com tão pouca água, não posso me dar ao luxo de dividir). Os rituais da chuva podem não fazer chover, mas aproximam as pessoas da comunidade e servem como afirmação, lembrando que essa dificuldade já foi superada antes. O efeito deles é psicológico e social. Ao suscitarem comportamentos sincronizados, estruturados, padronizados, os rituais conectam as pessoas que os praticam ao invocar um passado compartilhado e uma esperança compartilhada para o futuro.

Mesmo que não afetem o mundo externo, os rituais afetam nossos mundos internos. E é esse aspecto que analisaremos em seguida.

Parte II

Rituais para nós mesmos

Capítulo 4

Como atuar

*Por que você nunca deve dizer "acalme-se"
antes de subir ao palco*

> *Veja o homem com medo de palco.*
> *De pé lá em cima, pronto para dar tudo de si.*
>
> — The Band

Faltam cinco minutos para a hora do show. Você está nos bastidores, a iluminação é tênue. Em breve, as cortinas vão se abrir e os holofotes, acender. Você consegue ouvir o zunido da multidão, crescendo e diminuindo como o movimento do mar. O lugar está lotado, pronto para levá-lo à crista da onda — ou fazê-la se quebrar sobre você e jogá-lo no chão. Eles vieram até aqui para ouvir você, e somente você. No centro do palco, há um piano solitário, tão lustrado que chega a brilhar. Daqui a quatro minutos, você caminhará até ele e a multidão explodirá em vivas, somente para recuar novamente ao silêncio absoluto. Você se sentará no banquinho e colocará as mãos sobre as teclas. O público veio ouvi-lo apresentar três sonatas que testam os limites da habilidade humana. Eles esperam a sua melhor performance, porque sabem que essas músicas exigirão isso de você. Faltam três minutos, o suor frio escorre por suas costas. Você praticou para esse momento, mas geralmente sozinho, no seu espaço e na sua velocidade. Agora se pergunta se treinou o suficiente. Faltam dois minutos. As luzes se apagam. Você tem certeza de que consegue ouvir os membros da plateia se mexendo nas cadeiras. Falta um minuto para a cortina se abrir e você ter de enfrentar um infinito mar de rostos. Sessenta segundos para tranquilizar as marteladas em seu peito e engolir o pânico.

Como conseguirá manter a calma?

Para Sviatoslav Richter, considerado por muitos um dos maiores pianistas do mundo, a resposta era simples: lembre-se de sua lagosta. Antes de cada concerto, ele colocava uma lagosta de plástico em uma caixa forrada de cetim e a carregava até o momento de entrar no palco, se certificando de que ela ficaria perto o bastante para garantir uma boa apresentação. "Será que ele deveria levar a lagosta para o palco?", perguntou Errol Morris em seu artigo sobre Richter.[1] "Talvez não. As pessoas fariam perguntas. Mas ele tem certeza de que não pode tocar sem ela." A despeito do imenso talento de Richter, ele se sentia um ninguém sem sua lagosta cor-de-rosa de plástico. Sempre que chegava a hora de se apresentar, não ousava se desviar do ritual. O crustáceo encantado era tão importante quanto o piano perfeitamente afinado.

O que podemos aprender com os rituais dos famosos

Rituais de desempenho estão entre os mais vívidos e conhecidos exemplos de comportamento ritualístico, e muitos astros no auge de suas habilidades são conhecidos por executá-los. A campeã do tênis Serena Williams quica a bola cinco vezes antes do primeiro saque e duas vezes antes do segundo. O jogador de futebol português Cristiano Ronaldo sempre entra em campo com o pé direito. E você se lembra do rebatedor de beisebol Nomar Garciaparra?[2] Primeiro ele entra na caixa, depois sai dela. Então aperta as luvas, ajusta a faixa no antebraço esquerdo e aperta as luvas novamente. Na sequência, é o momento de tocar ambas as luvas, depois a faixa, a coxa direita, as costas, o ombro esquerdo, o capacete, o cinto e de novo o capacete. E então entrar mais uma vez na caixa e tocar o chão com as pontas dos pés.

Surpreendentemente, esse comportamento de Nomar (como é conhecido pelos locais) não é uma exceção. Em um estudo com jogadores de beisebol, os pesquisadores contaram o número de movimentos por lance de cada jogador e os classificaram em 33 categorias, como tocar o corpo ou as roupas, ajeitar as luvas ou tocar a base com o bastão. O resultado foi espantoso: 83 movimentos, variando entre 51 e 109.[3] Os jogadores sabiam que se movimentavam, mas subestimaram a quantidade de movimentos chutando um número pelo menos quatro vezes menor — e, assistindo aos vídeos, ficaram surpresos ao notarem quantos comportamentos nunca haviam reparado em si mesmos. Mas não pararam de fazê-los. Assistir aos vídeos os deixou mais conscientes do quanto contavam com esses movimentos para "entrar no clima".

A variedade dos rituais de desempenho estranhos não é menos rica ou vívida em outros campos de atuação. A bailarina Suzanne Farrell prendia um ratinho de brinquedo no interior do collant, fazia o sinal da cruz e se beliscava duas vezes antes de subir ao palco — e suas apresentações eram tão impressionantes que, mais tarde, ela recebeu a Medalha Presidencial da Liberdade por sua contribuição para a arte.[4] A escritora Joan Didion, finalista do Pulitzer por *O ano do pensamento mágico*, colocava seus esboços no freezer quando se sentia bloqueada.[5] A pioneira da computação (e contra-almirante da Marinha dos Estados Unidos) Grace Hopper abordava a criação de uma linguagem de programação inovadora (mais tarde chamada de Cobol) com precisão lógica. Mas, quando finalmente chegava a hora de testar o código, ela e sua equipe colocavam tapetes de oração virados para o leste e rezavam para que funcionasse.[6] O que começou como um zombeteiro exercício de superstição se tornou um ritual indispensável, um momento mágico em marcante justaposição aos rigores da matemática pura.

Mas por que todo esse trabalho, especialmente por parte daqueles que já estão no auge? Errol Morris capturou a resposta em seu artigo sobre Richter: "Ser capaz de fazer algo significa achar, acreditar que é capaz. Não basta ter a habilidade de tocar piano. Algo *mais* se faz necessário." A habilidade é a base. Aplicar essa habilidade, porém — no lugar certo, na hora certa, da maneira certa —, é outra história.

Os rituais nos ajudam a encontrar o *algo mais* que buscamos

A finalidade dos rituais de desempenho é nos fornecer esse elusivo *mais* — ajudar-nos a superar a ansiedade e a realizar nosso potencial. Não são somente os astros mundialmente famosos que precisam desse mais. Conhecemos suas necessidades e rituais porque eles são famosos. Mas os meros mortais também recorrem aos rituais de desempenho para se acalmar e se preparar em incontáveis áreas da vida cotidiana: quando precisamos liderar uma reunião, obter sucesso em uma entrevista de emprego, defender nosso argumento diante do conselho municipal ou qualquer outra situação em que precisamos estar sob os holofotes. Sempre pergunto a meus brilhantes alunos em Harvard se eles usam rituais antes de provas, eventos esportivos ou outras ocasiões estressantes. No início, eles hesitam, mas, assim que alguém responde — "Sempre uso a mesma pasta de dente, tomo o mesmo chá e sempre ando com três lápis" —, a barreira se rompe. Todo estudante na sala parece ter um ritual, e cada um é diferente.

E não são somente os momentos de pressão, com apostas altas, que geram respostas ritualísticas. Muitas das vezes, o incentivo é mais mundano. Para alguns, a perspectiva de conversas casuais — durante um coquetel, no trem, no consultório médico — é tão assustadora quanto um solo no Carnegie Hall. Para outros, a ideia de ficar em pé na frente de alguns colegas e defender um argumento é suficiente para produzir gotas de suor. Em um estudo, os pesquisadores pediram que os participantes falassem em público usando tecnologia de captura de movimentos para demonstrar como o estresse da experiência gerava comportamentos ritualísticos. Quando o ritmo cardíaco das pessoas acelerava, elas espontaneamente moviam as mãos em padrões mais específicos e repetitivos.[7]

Explorar esses comportamentos me fez perceber que venho praticando meu próprio ritual de desempenho há anos — outra razão para meu ceticismo em relação aos rituais ter dado lugar à crença. Antes de cada aula, ando de um lado para o outro do meu escritório durante trinta minutos, repassando tudo o que pretendo falar na minha mente, e coloco meu plano de ensino, (sempre) impresso em papel amarelo, na pasta de couro preto que meu pai me deu há 25 anos — a pasta que carreguei comigo durante todas as aulas que já dei na Harvard Business School.

Pessoas comuns e extraordinárias de todo o mundo garantem a eficácia de seus rituais de desempenho personalizados. Elas admitem que estariam perdidas sem seus ritos particulares — muito embora a maioria também saiba que eles parecem tolos e ninguém tenha uma explicação minimamente lógica para acreditar que funcionem. Então o que está acontecendo? Elas têm razão? Esses comportamentos estranhos e variados podem mesmo ajudar alguém — superastros ou o restante de nós — na hora de uma apresentação? Ou alguns deles atrapalham, prejudicando o desempenho em vez de melhorá-lo?

Calmo, tranquilo e controlado

Uma das principais razões pelas quais os rituais são abundantes não somente em dias de jogo, mas também em resposta aos estresses cotidianos, é o fato de muitas das estratégias usuais para manter a calma e melhorar o desempenho serem insuficientes. Ou, pior ainda, saírem pela culatra. Você já tentou dizer a si mesmo para se acalmar, talvez se encarando em um espelho, prestes a entrar em pânico? Ou já experimentou dizer "acalme-se" ao seu cônjuge irritado?

Qual foi o resultado?

Pode parecer que um lembrete direto para permanecer calmo deveria funcionar — ou ao menos ter algum efeito positivo. Estamos cercados de mantras motivacionais e platitudes que têm o objetivo de nos manter plácidos. Talvez o mais famoso exemplo seja o slogan britânico da Segunda Guerra Mundial: "Keep calm and carry on" [Mantenha a calma e siga em frente].[8] Mas parece que o governo britânico percebeu, quando a Blitz começou, que os cidadãos já em pânico poderiam achá-lo condescendente ou inefetivo e destruiu 2,5 milhões de cópias do pôster. (Só começou a ter um pós-vida como meme global nos anos 2000, quando o dono de um sebo encontrou uma cópia do pôster, já que ele apelava às plateias do século XX como lembrete sutilmente irônico de uma estoica era passada.) A decisão de abandonar o slogan foi confirmada por uma onda recente de pesquisas. Além do fascinante trabalho sobre como identificamos nossas ações, o psicólogo Dan Wegner também conduziu uma pesquisa sobre a inabilidade humana de controlar os próprios pensamentos.[9] Wegner pediu a pessoas para *não* pensarem em um urso-polar; uma tarefa aparentemente simples, mas, quando tentamos não pensar, tudo o que a mente consegue ver é um urso-polar após o outro. Se não conseguimos suprimir pensamentos aleatoriamente sugeridos, por que conseguiríamos suprimir a ansiedade ligada ao desempenho? Uma experiência como a ansiedade é considerada tanto um estado quanto um traço: podemos ficar ansiosos com nosso desempenho e podemos ser ansiosos de modo geral.[10] Em nenhum dos casos a sugestão de se acalmar será útil.

Quando dizemos a nós mesmos para mantermos a calma, não estamos somente tentando suprimir pensamentos. Também tentamos suprimir a *agitação*, um termo que os pesquisadores usam para descrever tanto um estado psicológico de alta energia e tensão quanto um estado fisiológico que inclui a ativação dos sistemas nervosos límbico e simpático. Imagine dizer a si mesmo para "se acalmar" — urso-polar, urso-polar, urso-polar — enquanto experimenta um coquetel de energia estressante. Os estudos de Alison Wood Brooks, minha colega na Harvard Business School, mostram que dizer a nós mesmos para nos acalmarmos não funciona e, algumas vezes, pode nos estressar ainda mais: "Continuo ansiosa em relação a meu desempenho, por estar falhando na tarefa de me acalmar [...] e por estar ansiosa em relação a isso."[11] Você pode imaginar como esse *looping* de negatividade é bom.

Algumas pessoas acreditam que seja uma questão de *timing*. Que elas só precisam esperar o momento certo e "entrar no clima" para alcançar o desempenho ideal. Mas há poucas evidências de que essa estratégia também funcione. Um estudo revelou que pessoas que só têm permissão para lançar dardos quando estão no clima não se saem melhor que as instruídas a lançá-los em momentos aleatórios.[12] Muitas vezes, até as estratégias de preparação logicamente relacionadas à tarefa em questão falham. Será que o alongamento antes do desempenho esportivo serve para nos acalmar, além de aquecer nossos músculos? As evidências são mistas.[13] E, embora medicamentos ansiolíticos funcionem, eles possuem efeitos colaterais que diminuem nossa velocidade de processamento — o que não é muito útil quando precisamos ser capazes de pensar e reagir rapidamente.[14]

Todos sabemos que o nervosismo pré-desempenho nem sempre tem efeitos negativos. A lei de Yerkes-Dodson fornece uma referência para entendermos o relacionamento entre agitação e desempenho, afirmando que uma dose saudável de tensão e estresse melhora nosso desempenho durante uma entrevista, um teste ou uma competição esportiva muito importante.[15] O nervosismo pode nos levar a praticarmos ou nos prepararmos mais, resultando em um melhor desempenho quando o fluxo de energia aumenta nossa motivação e nosso vigor. Mas há um limite. Quando esse nervosismo — ou agitação — se torna intenso demais, ele nos frustra, minando nossa habilidade e diminuindo a possibilidade de atingirmos o potencial máximo.

Alison Wood Brooks é, além de uma colega pesquisadora em Harvard, uma boa amiga. Com a adição de outro colega, Ryan Buell, formamos uma banda inspiradamente batizada de Banda de Professores de Harvard (agora nosso nome é The Lights, e você pode nos ouvir em www.thelights.band). Tocar em público nos deu acesso direto à ansiedade de desempenho. Alison é a pessoa menos nervosa com quem já toquei: ela vive sua pesquisa ao expressar a ansiedade e o nervosismo como empolgação. A ansiedade de Ryan no palco tende a se manifestar na forma de conversas com o público. Eu, por minha vez, tendo a expressar minha ansiedade como inconveniência: "Por que ser uma banda significa que precisamos tocar na frente das outras pessoas?" Por sorte, a banda me tolera.

Seguir em frente e lidar com a perda

Em 2001, após uma dura derrota para o rival de divisão Miami Dolphins, os novos membros do New England Patriots chegaram ao campo de treinamento e encontraram um grande buraco no chão. O treinador Bill Belichick estava em pé ao lado do buraco, com uma pá e a bola da derrota. Ele jogou a bola no buraco, o cobriu com terra, virou-se para a equipe e disse: "Aquele jogo acabou. Vamos enterrá-lo e seguir em frente." A equipe sepultou a azarada bola do jogo. Quando o time se afastou do local, o *quarterback* Tom Brady pisoteou a terra, murmurando: "Acabou."[16] E tinha acabado. Durante o restante da temporada, os Patriots transformaram o péssimo início em sua primeira conquista do Super Bowl.

Os rituais não são uma garantia, assim como a melhor preparação nem sempre é suficiente para nos salvar do fracasso. Mas, quando os melhores planos dão errado e os melhores ensaios se mostram insuficientes, os rituais podem dar um algo a mais, ajudando-nos a lidar com a decepção e a derrota. Se o estresse intenso antes de um jogo induz um comportamento ritualístico, a decepção intensa após a derrota parece induzir ainda mais, conforme os rituais surgem para nos ajudar a lidar com as emoções negativas derivadas do fracasso.

Pesquisas sustentam a decisão de Belichick e Brady de enterrar aquela bola. Em 2017, Nick Hobson, Devin Bonk e Mickey Inzlicht, psicólogos da Universidade de Toronto, reuniram 48 pessoas durante uma semana para analisar como lidavam com o fracasso.[17] Algumas foram instruídas a completar o seguinte ritual uma vez ao dia por uma semana: "Una os punhos fechados em frente ao peito, erga-os lentamente sobre a cabeça e inspire pelo nariz. Retorne os punhos ao peito enquanto expira lentamente pela boca. Repita três vezes." Todos os participantes então recebiam uma série de difíceis tarefas cognitivas, incluindo uma tarefa engenhosa e frustrante criada pelo psicólogo John Ridley Stroop na década de 1930 e agora (apropriadamente) conhecida como Teste de Cor e Palavra de Stroop.[18]

Imagine que você veja uma lista de palavras, apresentadas uma a uma, e sua única função é nomear a cor da fonte em que foram impressas. Inicialmente, é fácil: você vê *cachorro* escrito em azul e responde "azul". Mas Stroop queria dificultar as coisas: no teste seguinte, você lê a palavra *vermelho* escrita em verde. Ler é um processo tão automático que muitas pessoas não conseguem evitar dizer "vermelho", mesmo que a fonte esteja em verde. Enquanto cumpriam as tarefas, os participantes estavam ligados, através de eletrodos em seu couro cabeludo, a uma máquina de eletrocardiograma que analisava a negatividade relacionada ao erro (ERN), uma onda sensível à diferença entre expectativas ("Vou me sair bem nessa tarefa") e ocasionais fracassos (o equivalente neurológico de sentir que fizemos uma besteira).

Aqueles que haviam realizado o ritual respiratório exibiam uma resposta mais suave ao fracasso comparados àqueles que não o haviam feito. Os resultados do experimento sugerem que os rituais diminuem a resposta negativa aos erros. Eles parecem regular a resposta cerebral, permitindo que nos recuperemos mais rapidamente depois de um contratempo.

Os perigos do ritual

Em *Ball Four* [Bola quatro], um best-seller sobre beisebol publicado em 1970, o ex-arremessador do Portland Mavericks Jim Bouton comentou como a sensação de domínio criada pela habilidade atlética pode se transformar em obsessão ou na sensação de ser dominado pelo esporte que se tentou dominar. "Você passa boa parte da vida segurando uma bola de beisebol e, no fim, percebe que era ela que segurava você."[19] Apesar de todos os benefícios dos rituais de desempenho, o preço que eles cobram pode ser alto. Se dependemos demais deles, podemos nos sentir perdidos sem eles.

Considere o caso de outro jogador da liga principal, Wade Boggs, durante muito tempo terceira base dos Red Sox. Boggs tinha uma avalanche de rituais ligados ao número 17.[20] Às 17h17, antes de cada jogo, ele começava a praticar rebatidas e, às 19h17, iniciava o treino de corrida. Seus rituais eram tão conhecidos que Bobby Cox, então empresário dos Blue Jays, pediu que o operador do placar pulasse das 19h16 para as 19h18 durante um jogo em Toronto, apenas para desestabilizar Boggs.

Jim Palmer, arremessador dos Baltimore Orioles, era igualmente dependente de rituais. Jim "Pancake" Palmer estava tendo uma temporada bem-sucedida em 1966, com uma sequência de oito vitórias, todas precedidas por seu café da manhã da sorte: panquecas [a origem do apelido]. No entanto, quando o voo do time teve problemas a caminho de um jogo contra o Kansas City Royals e Palmer foi forçado a abrir mão das panquecas matinais, ele temeu pelo resultado da partida. Depois de perder, ele disse aos repórteres: "Não sei se não comer as panquecas afetou o jogo. E não quero saber."[21] Quando os rituais são interrompidos, a experiência pode gerar intensa ansiedade. Para Palmer, a inabilidade de realizar o ritual matinal não significou somente se sentir "estranho" durante todo o dia — ele também jogou mal.

O problema do ritual excessivamente elaborado, intrincado, é que ele interfere, em vez de preparar. Jogadores de beisebol realizam em média 83 movimentos ritualísticos enquanto rebatem, mas alguns excedem os 100. Royce Lewis, outrora um muito elogiado aspirante da organização Minnesota Twins, pode ter chegado perto demais desse limite. Quando sua carreira estagnou, um avaliador ofereceu a seguinte análise: "Os maneirismos dele — mexer com as luvas à moda de Nomar [Garciaparra], respirar profunda e pesadamente entre os arremessos, sempre ajustar o uniforme — são maníacos e parecem tirar sua concentração da tarefa em questão, em vez de focá-la de maneira ritualística, e o jogo parece acelerado demais."[22] Quando são levados ao extremo, os rituais de desempenho atrapalham. Se não conseguimos abandoná-los, não somos capazes de redirecionar o foco e nos dedicar à performance. Ficamos presos enquanto tudo o mais continua. (Uma das minhas alunas em Harvard contou que torna os próprios rituais pré-jogo tão difíceis que não podem ser executados com perfeição. Assim, se não se sair bem, ela pode culpar o ritual falho, em vez de a si mesma.)

Nenhum ritual tem o poder de nos transformar em estrelas do rock ou pessoas sábias. Ainda precisamos lidar com as realidades da aptidão, da proficiência e da disciplina da prática diária. Entretanto, eles podem nos oferecer uma maneira de gerir nosso nervosismo e ampliar habilidades que nos dedicamos tanto para dominar. Como Errol Morris poderia dizer, os rituais de desempenho nos oferecem aquele elusivo *algo a mais*, permitindo que brilhemos sob os holofotes.

Capítulo 5

Como saborear

*Aproveite ao máximo o Cabernet
e a hora da limpeza*

A PURIFICAÇÃO: Um banho de água fria para esfriar a taça e manter o colarinho.

O SACRIFÍCIO: As primeiras gotas são sacrificadas; um pequeno preço a se pagar para garantir o frescor do sabor.

A ALQUIMIA LÍQUIDA: A taça é inclinada em um ângulo de 45 graus, para a perfeita combinação entre espuma e líquido.

A COROA: A taça é graciosamente nivelada, formando um colarinho perfeito e selando o frescor.

A REMOÇÃO: Uma saída suave e fluida enquanto se fecha a mangueira.

O CORTE: O colarinho é cortado também em um ângulo de 45 graus, removendo as bolhas maiores e mais soltas.

O JULGAMENTO: Três centímetros de espuma, nem mais nem menos.

A LIMPEZA: Um mergulho final em água fria, para uma taça brilhante e uma apresentação deslumbrante.

A ENTREGA: Um momento para admirar uma Stella Artois perfeitamente servida.

Se você não bebe cerveja, pode ter lido alguns passos antes de perceber que não se trata de uma cerimônia religiosa, mas sim do ato de servir a bebida. (Os apreciadores de cerveja têm mais facilidade.) "The Ritual", como foi chamado, é uma campanha de marketing da cervejaria belga Stella Artois da década de 1990.[1] Consigo entender se esse elaborado retorno de nove passos à Idade Média fez com que você revirasse os olhos. Ele é intencionalmente exagerado — mas ajudou a cervejaria Anheuser-Busch InBev a vender a Stella Artois por um preço superior ao de muitos de seus concorrentes.

Estratagema ou não, imagina como você se sentiria preparando sua bebida favorita dessa maneira. A natureza cerimonial — a elaborada disciplina necessária para realizar essa série precisa de passos distintos — não acrescenta algo à experiência? Algo parecido com a mística do "batido, não mexido" que define o martíni perfeito? Em ambos os casos, o *como* — a maneira precisa com que essas ações de outro modo comuns são realizadas — os eleva. Agora imagine preparar uma cerveja para beber da maneira como eu faço: girando a tampa. Você consegue sentir a diferença? Quando pareamos uma taça, uma fatia ou um momento especial com o ritual certo, nossa experiência pode mudar, transformando até mesmo o engradado de cerveja que compramos no supermercado em um elixir a ser saboreado.

Os rituais nos oferecem muitas oportunidades de incorporar mais sabor à nossa vida cotidiana. Veja um dos mais simples e mais comuns rituais para saborear: uma pequena pausa para comer ou beber que ocorre no mesmo horário todos os dias. Você encontrará uma versão desse ritual em quase todas as culturas do mundo. Se vive na Escandinávia, isso significa que pode saborear o *fika*, uma pausa para café, chá e doces por volta das 10 horas.² Na maior parte dos locais de trabalho escandinavos, não é nem sequer uma escolha. Ninguém está interessado em saber se você está faminto. *Fika* é simplesmente algo que se faz. Não tem a ver com fome, produtividade ou otimização. *Fika* — tanto o substantivo quanto o verbo — se refere a tirar um momento para comer e aproveitar a companhia uns dos outros.

Se está na Índia às 18 horas, há boas chances de que esteja preparando *chai*, um chá preto, talvez adoçado com mel ou açúcar ou condimentado com anis-estrelado, erva-doce ou cravos.³ Alguns adicionam um pouco de gengibre para realçar o sabor. Outros preferem acrescentar mais leite para obter a consistência certa. A hora do chá é um espaço limítrofe entre o que você fez durante o dia e quem se tornará quando voltar para casa.

Ou talvez você esteja na Itália tomando seu café *al banco*. O *espresso* chega rápido, custa barato e deve ser ingerido em uma golada só.⁴ Beba rápido, com limão. A alegria aqui está na velocidade: não há demora, somente pressa ritualizada. É um gole muito forte, mas não se preocupe, pode haver sete ou oito desses ao longo do dia.

Na década de 1970, as escolas nos Estados Unidos serviam aos jovens alunos um lanche no meio da manhã: alguns biscoitos e uma caixinha de leite. A abertura da caixinha era muito estreita para mergulhar os biscoitos, mas os alunos encontraram uma maneira de fazer isso, até que os biscoitos se tornassem deliciosamente moles.⁵ A linha entre biscoitos com leite e leite com biscoitos moídos era tênue.

Se você é francês ou passou um tempo significativo na França, já conhece os prazeres do ritual matutino do *pain au chocolat*.⁶ Dê uma passadinha na *patisserie* local a caminho do trabalho e compre um *croissant* folhado, amanteigado e recheado com chocolate. Morda um pedaço, respire, suspire. Saboreie a sensação de que, nesse exato momento, a vida é muito boa.

Em cada um desses exemplos, a bebida e a comida são os adereços que preparam a cena para a experiência de estar presente no momento.

Agora pense nos rituais que fazem parte do seu dia. Quando fiz essa pergunta no passado, recebi como resposta variações de rituais tradicionais — chá, café, um drinque depois do trabalho — e também criados do zero.

No meio da manhã, quando preciso levantar da cadeira e me alongar, faço meu pequeno ritual do chá. Compro chá de todos os lugares do mundo há anos, então possuo uma vasta coleção. Tudo começou com um kit que recebi, chamado Chás do Mundo, mas agora misturo meus próprios chás sempre que desejo tentar algo novo. Por volta das 10 ou 11 horas, me levanto e caminho até o globo que tenho no escritório. Eu o giro e deixo o dedo parar sobre um país ou continente. É assim que determino qual será o chá do dia: Earl Grey, *chai*, mate limão ou chá verde com jasmim. O que quer que eu esteja bebendo, faço uma pausa para apreciar o que torna cada xícara tão especial e distinta. Todo chá é diferente: bastam alguns minutos para apreciar como e por quê.

A padaria da minha rua serve pão fresco às 14 horas. É o momento perfeito para me levantar, sair para andar um pouco e aproveitar o cheiro de pão assando. Quando chego lá, os pães ainda estão quentes, então levo o meu para casa, coloco sobre um belo prato de porcelana que era da minha avó e passo nele a minha manteiga francesa favorita. Não uso essa manteiga para outra coisa, então dura semanas. Vê-la derreter com o calor do pão me enche de felicidade.

No meio do dia, gosto de me levantar e dar uma volta. Procuro moedas na rua porque é algo que meu pai fazia. Quando vejo uma — de 10 ou 25 centavos —, me abaixo, a pego e uso para comprar um chiclete de bolinha na loja de brinquedos da esquina. É um agrado que me faz lembrar do meu pai e da sensação de ser criança: a alegria de esperar que o pedacinho esférico de açúcar descesse rolando da máquina. Consigo ouvir a risada do meu pai sempre que coloco o chiclete na boca. O sabor só dura alguns minutos, mas sempre me anima e me faz sorrir.

Há infinitas maneiras de aprimorar e até encantar o dia. Se você tem rituais que pontuam sua rotina, pense sobre o que pode fazer para torná-los ainda mais significativos. Se não consegue pensar em nada, use essa oportunidade para acrescentar ao dia um momento de pausa e prazer. Saborear rituais como esses pode ser um gerador pequeno e também poderoso de alegria cotidiana, uma maneira acessível e barata de transformar o comum em algo mais.

O consumo de conceitos

Minha pizzaria favorita em todo o mundo é a Regina's, em Boston, e meu sabor favorito é calabresa com cebola. Sim, de todas as pizzas que já provei, em vários lugares do mundo, a melhor é feita a alguns quilômetros de onde cresci. Nunca pedi pizza de calabresa e cebola em nenhum outro lugar. Nem sei dizer se gosto tanto assim de cebola. Então por que a pizza da Regina's é minha favorita? Lá também é a pizzaria favorita dos meus pais. Eu a associo não somente à minha infância, mas também às histórias que ouvi sobre a infância deles. Na década de 1950, eles iam até lá quando a comida italiana ainda era considerada exótica pelo clã irlandês católico. Para mim, a Regina's é uma tradição familiar que me conecta ao passado. Quando eu e Scott, um dos meus melhores amigos, estávamos com vinte e poucos anos, tínhamos o hábito — ou era isso que eu achava na época — de ir lá e pedir uma pizza de calabresa com cebola enquanto tentávamos descobrir o que fazer da vida. Só que a prática revelou ser muito mais que um hábito. Para mim, era um ritual de herança com profundas raízes locais. (E agora a Regina's também é a pizzaria favorita da minha filha.)

A satisfação emocional que consigo tirar de uma simples fatia de pizza na Regina's é um exemplo do que chamei de *consumo conceitual*. Estou comendo uma fatia de pizza — uma mistura de nutrientes, como grãos integrais e cálcio —, mas esse ato se estende pelo tempo e permite que eu experimente muito mais: emoções e aspirações, memórias e nostalgia. Como observou o antropólogo Claude Fischler, "o homem se alimenta não somente de proteínas, gorduras, carboidratos, mas também de símbolos, mitos, fantasias".[7] Alguns alimentos, consumidos de certa forma, nos nutrem de maneiras que vão muito além da necessidade física de energia. O consumo deles também pode ser um jeito profundamente significativo de usar o repertório de recursos que compõem nossas ferramentas culturais — às vezes, consagradas pelo tempo; às vezes, improvisando algo novo. Só pôde haver bombons fritos quando o mundo nos forneceu tanto o chocolate quanto a tecnologia para fritá-lo.

Tudo isso suscita uma questão: como é o consumo de proteínas, gorduras e carboidratos destituído dos símbolos, mitos e fantasias canalizados pelos rituais? Suspeito que tenha o gosto e a aparência de um composto nutritivo como o Soylent.

Em 2013, Rob Rhinehart, recém-formado em Engenharia Elétrica pela Georgia Tech, começou a se ressentir das demandas da alimentação.[8] Ele vivia com colegas em São Francisco e queria iniciar uma startup. As refeições eram um aborrecimento — caras e demoradas. Ele procurou uma forma de evitar o infinito e enfadonho trabalho de encontrar energia. Não seria mais fácil e racional, pensou ele, determinar os nutrientes químicos necessários para sustentar o corpo humano e consumir isso — o que quer que *isso* fosse? Ele identificou 35 ingredientes químicos, incluindo gluconato de potássio, carbonato de cálcio e fosfato monossódico, e os jogou no liquidificador. Continuou aperfeiçoando a fórmula até encontrar a consistência certa — a textura de massa de panqueca filtrada — ao mesmo tempo que tentava solucionar o alarmante problema de flatulência que a bebida tendia a causar. Finalmente, ele a chamou de Soylent (referindo-se ironicamente ao filme de ficção distópica *Soylent Green* [*No mundo de 2020*]).

Hoje, a empresa de Rhinehart oferece às pessoas todos os benefícios da nutrição em uma única porção. O objetivo é permitir máxima eficiência ao eliminar o saboreamento. Para consumir essa refeição viscosa, é só abrir a garrafa. Não há explosão sensorial ou um momento para considerar conexão e pertencimento. Não há cheiro para transportá-lo de volta ao *pozole* da sua avó cozinhado em fogo baixo durante horas, antes de surgir diante dos seus olhos juvenis, com aquele brilhante rabanete *pink* no topo. Não há textura nem som — crocância ou estalidos — para lembrá-lo da maneira como sua família dinamarquesa servia bolinhos de cardamomo, macios e perfumados, nas tardes de inverno. E, sendo líquido — ou seja, não exige mastigação —, o Soylent jamais o distrairá ao fazê-lo pensar em suas comidas favoritas durante a infância, como os famosos biscoitos do vizinho do lado.

No Soylent, todas as oportunidades de saborear — memórias do passado, antecipação de prazeres futuros e o gozo discreto e otimista de uma coisa pequena e boa — foram removidas. Não há esforço para ingeri-lo — como promete a empresa — e a comida se torna nada além de combustível necessário. A fome é solucionada pela completa automação, sem distrações emocionais e trabalhosas. Racional, talvez, e certamente economiza tempo. Mas a que custo?

Uma bebida com pernas

Compare o Soylent ao oposto espiritual, uma bebida cujo único propósito é provocar a experiência do sabor. As pessoas que consomem vinho com regularidade fazem parte de uma cultura tão rica que o fato de o beber se torna parte essencial de quem são. Os enófilos consideram a experiência do que está na taça o contexto de várias práticas agrícolas — o excesso de sol ou a falta de chuva em lugares como Napa Valley, Toscana ou sul da França; os aditivos que o solo recebeu em determinado ano; e se as uvas foram colhidas um dia mais cedo ou mais tarde. Algumas vezes, visitam os vinhedos e ouvem as histórias da família que os possui — ou conhecem as pessoas que lá trabalham.[9]

No filme *Sideways: Entre umas e outras*,[10] que tanto satiriza quanto celebra o mundo do vinho, Paul Giamatti interpreta Miles, um irritadiço amante da bebida e romancista fracassado que passa por um momento difícil. Em uma cena de sedução com Maya, interpretada por Virginia Madsen, os dois personagens dançam em torno um do outro — falando sobre si mesmos ao conversar sobre sua imersão no mundo do vinho. Miles começa descrevendo o amor que sente por *pinot noir*:

É uma uva difícil de cultivar, o que você já sabe. A casca é fina e a uva é temperamental, amadurece antes do tempo. Não é uma sobrevivente, como a *cabernet*, que pode crescer em qualquer lugar e prospera mesmo quando negligenciada. A *pinot* precisa de cuidado e atenção constantes, e só consegue crescer de verdade em cantinhos protegidos e específicos do mundo. Somente os cultivadores mais pacientes e cuidadosos sabem apreciar suas qualidades frágeis e delicadas.

Maya responde com grande intimidade e vulnerabilidade, por meio de sua própria imersão no mundo do vinho:

Eu amo a maneira como o vinho continua a evoluir; como, todas as vezes em que abro uma garrafa, sinto um gosto diferente do que teria sentido se a tivesse aberto em outro dia. Porque uma garrafa de vinho está viva, constantemente evoluindo e ganhando complexidade. Bom, até chegar ao auge — como seu vintage de 1961 — e começar seu constante e inevitável declínio. E tem um gosto maravilhoso.

Essa é a sedução do saboreamento. O vinho nos dá um repertório sensorial por meio da qual compartilhamos experiências e nos conectamos, em um nível profundo, aos outros. Não surpreende que Maya e Miles fiquem juntos no fim do filme. Trata-se de uma história de amor, mas também de uma história de saboreamento compartilhado.

O mergulho na taça

A cultura do vinho me proporcionou muitas oportunidades de observar e considerar rituais no consumo diário, partindo do suspense e da antecipação de abrir a garrafa, passando pela decantação e chegando às técnicas de aeração na taça. Ficou evidente para mim que parte dessa cultura falava do vinho (o *o que*) e outra parte falava do ritual (o *como* — as maneiras especiais como servimos, agitamos e bebemos vinho).

Mas o que, exatamente, esses rituais de consumo fazem por nós? Quem melhor para responder que pessoas cujas vidas são dedicadas ao saboreamento, os *sommeliers*? Kathryn LaTour, que ocupa a invejável posição de professora de Educação e Gestão Enófila em Cornell, e John Deighton, meu colega na Harvard Business School, entrevistaram dez deles em São Francisco, Las Vegas e Nova York, fazendo perguntas sobre seus processos de degustação. Essas entrevistas são um tesouro de relatos em primeira mão que oferecem insights não somente sobre os elementos rituais da degustação de vinhos, mas também sobre a experiência e o *éthos* dos especialistas. "Acho que o que tento fazer", explicou um *sommelier* chamado James, "é estar no interior da taça, mesmo que esteja me impondo a ela. Tentar mergulhar na taça e então sair dela [...]. Talvez [seja] uma metáfora para estar no interior de uma piscina gigante de vinho".[11]

Através dessas entrevistas com os maiores degustadores do mundo, o tema da imersão — de estar profunda e intensamente envolvido na experiência — surgiu várias vezes como aspecto crucial na hora do saboreio. Felizmente, para a segurança no trabalho dos *sommeliers*, observar alguém se esforçando por nós pode intensificar a experiência. Um estudo mostrou que ver o chef preparando a comida pode aumentar prazer que sentimos em relação ao produto final.

A visão de um chef me forneceu uma perspectiva única sobre como experimentamos o saboreamento em nível emocional.[12] Tive a sorte de jantar no legendário restaurante do chef Ferran Adrià, o El Bulli, na cidade de Roses, na Espanha, antes que fechasse as portas, em 2011. Com três estrelas Michelin, o El Bulli foi saudado como "o mais imaginativo gerador de *haute cuisine* do planeta". Como a autora parisiense de livros de gastronomia Clotilde Dusoulier escreveu em seu blog, "levamos seis horas para finalizar a refeição — das 8 da noite às 2 da manhã —, mas foi tão sublime que era difícil dizer se havíamos nos sentado há dois minutos ou dois dias".[13]

Será que minha refeição geraria esse estado sublime? Será que eu encontraria a transcendência em um jantar de primeira categoria, um grandioso *prix fixe* no céu? Todos os pensamentos de conexão cósmica desapareceram quando o garçom serviu meu *amuse-bouche* — um único morango, ligeiramente grelhado, em um prato. Melhor que uma cenoura, sim, mas, convenhamos... Como aquilo poderia estar à altura do meu investimento de esforço e expectativa? Meu *amuse-bouche* não podia fazer parte do mesmo nirvana alimentar que Dusoulier tanto louvou.

Mordendo o morango sem muito entusiasmo, fui atingido por três sabores distintos: do carvão da grelha, do gim-tônica e do próprio morango. Fui transportado imediatamente para um churrasco de verão, comendo um hambúrguer quase queimado, bebendo um coquetel e terminando com uma sobremesa frutada. Dusoulier estava certa: em um único momento, experimentei uma vida inteira. Esse colapso do tempo e da memória diz muito sobre a visão de Adrià de transformar a alimentação em uma experiência que "supera a alimentação". Como mestre do saboreamento, ele criou um morango que, de algum modo, era o morango primevo, catapultando-me para uma rede de associações e memórias. Aquele único morango ganhou um lugar na minha mente, como aconteceu com Proust e sua icônica *madeleine*, como exemplo da habilidade dos alimentos de conjurar, ao mesmo tempo, nostalgia, expectativa, apreciação e maravilhamento.

A experiência imersiva com aquele morango correspondeu às minhas expectativas (e as superou, na verdade). Mas o saboreamento não requer uma longa viagem pelas montanhas até Roses. Os rituais de consumo são geradores de emoção que nos dão o potencial de sentirmos mais alegria e prazer, nostalgia e sensação de algo sublime, em qualquer lugar que estejamos.

Coma a sobremesa primeiro

Em 1997, Sue Ellen Cooper, uma artista radicada em Fullerton, na Califórnia, viu um chapéu vermelho em uma loja. Cooper, aos cinquenta e poucos anos, experimentava a recém-descoberta liberdade de seguir o próprio caminho pelo mundo sem querer a aprovação de ninguém. "Por que não?", pensou ao provar o chapéu. Ela o comprou e começou a usá-lo, porque a fazia se lembrar de um poema que amava de Jenny Joseph e homenageava um dos versos mais famosos de T. S. Eliot. Em "A canção de amor de J. Alfred Prufrock", o narrador lamenta o envelhecer: "Eu estou ficando velho [...] estou ficando velho [...]". No poema, Joseph aborda a perspectiva de envelhecer como um ousado recomeço: "Quando for velha, usarei púrpura/ Com um chapéu vermelho que não combina."

Na mesma época — enquanto aproveitava o chapéu vermelho —, Cooper procurava um presente para uma amiga que faria 55 anos. Ela queria que o presente fosse original, fugindo dos cartões e buquês de sempre, mas também significativo. "Devíamos todas ser como a mulher do poema de Jenny Joseph", pensou ela. "Devíamos aproveitar a vida e fazer as coisas que queremos fazer. Está na hora de transformar a diversão e a amizade em prioridades." Ela comprou outro chapéu vermelho para a amiga, e outro para outra amiga, e outros mais quando outras mulheres começaram a notá-los. Era uma brincadeira, mas também um ritual, que dizia: "A vida é curta, aproveite enquanto pode." Um pouco depois, Cooper convidou todas as amigas para tomar um chá, insistindo em que usassem seus chapéus e vestidos púrpura. O dia 25 de abril de 1998 foi o primeiro encontro oficial da Red Hat Society [Sociedade do Chapéu Vermelho, em tradução livre], mas a afiliação — outrora somente para mulheres com mais de 50 anos e agora aberta a todas as mulheres — vem crescendo desde então.[14] Há 15 filiais em um raio de trinta quilômetros da minha sala em Harvard. Não se trata de modo algum de um fenômeno local, pois há filiais em trinta países e mais de 35 mil associadas.

Cooper disse ao jornal multiplataforma *Deseret News* que considera a Red Hat Society um "grupo de brincadeiras" para adultos. "Fiz trabalho voluntário para a escola dos meus filhos e para a igreja, arrecadei fundos para o centro infantil e, é claro, amamos fazer todas essas coisas", explicou ela. "Alguém precisa dar a essas mulheres permissão para tirarem um dia ou fim de semana de folga." Ela chama a si mesma de Exalted Queen Mother [exaltada rainha-mãe, em tradução livre] da Red Hat Society e encoraja formas de diversão indulgentes e um tanto incomuns.

Uma das atividades centrais das participantes, posta em prática durante todos os encontros, é "comer a sobremesa primeiro".[15] É um lembrete para saborear as alegrias da vida *agora*. Uma participante de 68 anos, Catherine, expressou entusiasmo por saborear a vida no momento ao se permitir uma gratificação: "Um drinque em uma mão, uma barra de chocolate na outra, e eu entrando no paraíso e dizendo: 'Nossa! Que viagem!' Sei que vou morrer, mas, até lá, vou viver."

Há maneiras de seguir o exemplo das participantes da Red Hat Society por toda parte. Cooper encorajou todas as mulheres da comunidade a transformarem a diversão, o espírito brincalhão e a gratificação nos seus princípios organizadores. Contudo, os rituais de saboreamento podem unir as pessoas de formas também pouco convencionais. Logo após o *lockdown* e o isolamento social da pandemia de covid-19, até um dos rituais alimentares mais comuns da cultura contemporânea passou por uma completa reformulação.

Comer com estranhos

Em 2021, no auge da pandemia, Anita Michaud se mudou para Brooklyn Heights, um bairro de arenito vermelho em Nova York. Ela havia chegado de Ann Arbor, onde sua família inteira compartilhava uma história multigeracional de donos de restaurantes, chefs e mestres da hospitalidade. Seu avô abrira um restaurante chinês em Plymouth, no Michigan, e depois sua mãe abrira o próprio restaurante com o pai de Michaud — dessa vez um bistrô francês.

Após passar a infância inserida no mundo da gastronomia e de jantares requintados, Michaud tinha a hospitalidade em mente quando chegou a Nova York. O que ela encontrou, no entanto, não foi a cidade que nunca dorme. Em vez disso, havia uma cidade destroçada pelo *lockdown*, tentando restaurar as bases sociais. Em 2022, embora as pessoas pudessem socializar de novo, havia muito receio e um clima ruim. Para pessoas como Michaud, recém-chegadas à cidade, a questão era: "Como conhecer pessoas na vida real, após dois anos de encontros pelo Zoom?" Em vez de começar com aquelas que já faziam parte das suas mídias, Michaud deu um passo mais ousado. Ela identificou seis estranhas — amigas de amigas e pessoas que encontrou no Bumble

BFF, um aplicativo de amizade — e os convidou para jantar. Mas não chamou a reunião de Jantar com Estranhos. Ela enviou convites e recebeu pessoas que nunca tinha visto para uma noite íntima em sua sala. "É um Jantar com Amigos", dizia o convite. Promessa ou sonho impossível?

Como documentado pelo *New York Times*, uma a uma, as mulheres chegaram para jantar e reaprenderam a conversar com pessoas desconhecidas na mesma sala.[16] Qual a sensação de fazer amigos novamente? A pergunta pairava na mente de todos depois que a pior parte da pandemia passara. Os pesquisadores estimam que as redes de contatos diminuíram 16% em média durante o *lockdown* da covid-19 e o ano de distanciamento social que se seguiu.[17]

Quando as estranhas do jantar de Michaud começaram a rir e iniciar conversas paralelas, ela soube que havia dado certo. Antes de a noite terminar, ela conectou todo mundo em um chat e o acrescentou a sua coleção — cada chat um grupo que havia jantado na casa dela. Hoje, Michaud tem uma lista de espera de mais de oitocentas pessoas, ansiosas para participar dos eventos de "estranhas" — primariamente mulheres jovens, todas com a mesma intenção: pode ser que hoje eu faça uma amiga.

Conforto em um dia frio

Mesmo uma simples sopa, quando temperada com uma pitada de ritual, pode criar esse senso de comunidade. Incontáveis culturas possuem alguma versão do caldo quente para restaurar o corpo ou a alma. Algumas famílias judaicas competem para ver quem faz a melhor sopa de frango com talharim. Famílias tailandesas podem recorrer a sua sopa com leite de coco favorita, ao passo que os lares coreanos têm maior probabilidade de querer uma *samgyetang*, uma sopa de ginseng e frango. Se você é uma *nonna* italiana, tem uma receita especial de *stracciatella* e, se cresceu no Vietnã, há uma boa chance de alguém ter lhe servido *pho* em um dia frio e úmido.

O conforto de tais sopas e caldos vem de suas qualidades nutricionais e medicinais, mas também do cuidado evocado por cada colherada. Valerie Zweig, fundadora da Prescription Chicken and Chix Soup Co, uma empresa que entrega canja de galinha artesanal, explicou ao *Oprah Daily* o que as pessoas estão procurando quando tentam encomendar o caldo restaurador de sua infância:

As pessoas não pedem canja de galinha só porque estão com fome. Geralmente, há algo mais em cena. Talvez elas estejam cansadas ou precisando de um pouco de amor. Talvez estejam magoadas ou com saudades de casa. Talvez estejam doentes. A canja está lá para melhorar a situação, qualquer que seja esta.[18]

O saboreamento que as pessoas experimentam quando consomem um caldo restaurador é o da atenção: elas conseguem sentir o gosto da ternura. Lembram da compressa fria, do cobertor quentinho, dos sons reconfortantes dos pais oferecendo cuidados. Sopas e caldos — independentemente de serem simples ou não — contêm profundo sabor. As pessoas estão consumindo cuidado e amor. Quer estejamos otimistas e abrindo nossas portas para um jantar com estranhos ou mergulhando no conforto familiar de uma refeição da infância, o sabor da comida e da bebida proporciona a experiência emocional que buscamos. Os rituais de consumo nos convidam a saborear até mesmo os menores e mais banais prazeres.

Todavia, embora a maior parte de nós associe o saboreamento ao consumo, a palavra *saborear* tem uma definição maior na literatura científica, como forma de atenção e apreciação ampliadas que se estende a todos os aspectos da vida cotidiana —e que podemos tanto manter quanto aumentar. Cientistas comportamentais identificaram quatro das mais bem-sucedidas estratégias para atingir essa definição mais ampla de saboreamento: tentar estar presentes e apreciar os bons momentos; comunicar e celebrar o saboreamento com outros; expressar nosso prazer ao saborear por meio de comportamentos não verbais como sorrir; e, finalmente, lembrar com detalhes de experiências positivas passadas enquanto também antecipamos os que estão por vir — o processo que descrevi em minha resposta ao morango mágico de Adrià.[19] Os pesquisadores chamam isso de *viagem mental positiva no tempo*.

Viagem mental positiva no tempo

Entre minhas atribuições na Harvard Business School, ofereço mentoria a estudantes de doutorado em um grupo que chamamos de NerdLab. Um dia, o estudante Ting Zhang fez uma pergunta inesperada, mas intrigante: "Por que as pessoas fazem cápsulas do tempo?" Ting suspeitava que a experiência de redescobrir o passado talvez fosse capaz de transformar o familiar em algo deliciosamente novo. Enterrar coisas mundanas e cotidianas no chão (o jornal do dia, por exemplo), somente para recuperá-las anos depois, é um excelente — embora incomum — exemplo de como podemos usar rituais não somente para lembrar, mas também para redescobrir, saboreando ao mesmo tempo o momento presente, o passado e o futuro. Os rituais podem produzir o oposto do *déjà vu*: uma experiência de *jamais vu*, "jamais visto". Decidimos documentar e entender essa experiência de redescoberta — a fim de descobrir o que transforma fatos monótonos da vida comum em algo mais.[20]

Pedimos a 135 estudantes universitários da área de Boston para criar cápsulas do tempo ao fim do ano escolar, cheias de evidências dos acontecimentos mais recentes: o último evento social ao qual haviam comparecido, três músicas ouvidas recentemente, um trecho de um trabalho acadêmico, uma piada interna. Logo depois de criarem as cápsulas do tempo, perguntamos quão interessados e curiosos eles achavam que estariam sobre o conteúdo quando as vissem novamente, dali a três meses. Eles não se mostraram entusiasmados e descreveram os itens como mundanos, muito familiares, descartáveis. Por que estariam interessados em reencontrá-los?

Mas, depois dos três meses, essa perspectiva mudou de modo significativo. Os participantes relataram estar empolgados com a ideia de rever as cápsulas do tempo — e nos contaram como ficaram deliciados ao rever o conteúdo. A despeito de acreditarem que se lembrariam muito bem daquilo que encapsularam, haviam esquecido grande parte do que haviam guardado, e redescobrir essas coisas despertou alegria genuína.

Da perspectiva de um cientista comportamental investigando rituais, uma das descobertas mais surpreendentes da pesquisa foi a de que os benefícios da redescoberta se aplicam mais aos eventos comuns, e não aos extraordinários, ou seja, a situações e momentos que mal notamos enquanto ocorrem. Na maior parte do tempo, eles passam despercebidos, pequenos ou familiares demais para capturar nossa atenção limitada. Em outro estudo, pedimos a 152 pessoas em relacionamentos amorosos para descrever dois dias de suas vidas: 7 e 14 de fevereiro. Três meses depois, elas releram as descrições, e perguntamos quão prazerosa foi a experiência. Poderíamos deduzir que lembrar a noite romântica do Dia dos Namorados seria mais excitante que lembrar o mundano 7 de fevereiro. Mas, como as pessoas tendem a se recordar bem do Dia dos Namorados, não havia muito a redescobrir. Elas ficaram muito mais deliciadas ao revisitar o dia aleatório que tinha mais chances de ser esquecido.

Como disse um pai em outro estudo, "reler sobre ter feito coisas normais com minha filha abrilhantou o dia. Estou feliz por ter escolhido escrever sobre isso, por causa da alegria que estou sentindo agora". Embora sentimentos de nostalgia possam ser agradáveis e desagradáveis ao mesmo tempo, há evidências de que o pensamento nostálgico pode aumentar a sensação de felicidade e de sentido da vida.[21] O aparentemente estranho ritual de enterrar o presente oferece a oportunidade única de nos levar de volta ao passado.

Saborear ao destituir

Na Suécia, emergiu um ritual chamado *döstädning* — a palavra sueca *dö*, "morte", combinada a *städning*, "limpeza".[22] Esse termo pode ser traduzido livremente como "limpeza da morte", mas o ritual não precede nem sucede diretamente a uma morte. Em vez disso, é um convite para refletir sobre todas as coisas de sua casa: elas beneficiam você ou seus entes queridos? E quanto a seu *self* futuro? Ele vai usá-las ou apreciá-las? Se a resposta for não, é provável que esteja na hora de se despedir delas. No Irã, a primavera traz o *Nowruz*, um ritual de renovação que, metaforicamente, vai além de apenas refletir sobre a casa; *khoneh takooni* significa "sacudir a casa".[23]

Em 2017, Margareta Magnusson publicou o best-seller *The Gentle Art of Swedish Death Cleaning* [A gentil arte sueca da limpeza da morte], recomendando aos leitores a melhor maneira de abordar esse ritual de limpeza. Ela descreveu o *döstädning* como uma oportunidade de redescoberta, um processo intencional de eliminação que evoca uma clareza satisfatória: "É uma delícia rever as coisas e relembrar seu valor."[24] A limpeza tem menos a ver com varrer e passar pano — embora isso possa fazer parte do ritual — e mais com reconhecer que nenhuma dessas "coisas" será levada na jornada para a próxima vida. Podemos saborear não somente o consumo, mas também a subtração. Menos — como diz a famosa observação do arquiteto modernista Mies van der Rohe — é mais.[25]

No passado, a faxina de primavera era uma necessidade prática: nos Estados Unidos da década de 1800, essa estação marcava a época de retirar a fuligem, acumulada durante todo o inverno, causada pela queima de madeira, carvão e óleo de baleia.[26] Para muitas pessoas hoje, em contrapartida, ela significa purificação do espaço e celebração do que vem depois; trata-se de um reinício, de uma nova temporada da vida. Em 2022, 78% dos estadunidenses participaram de um ritual de limpeza na primavera — contra 69% em 2021.[27] Rajiv Surendra, um ator e calígrafo que mora em Nova York, é um dos entusiastas dessa faxina sazonal. Surendra gosta de se ajoelhar, "no estilo Cinderela", para a faxina. "Durante a semana em que estou limpando", disse ele ao *New York Times*, "sinto que não estou vivendo, que apertei o botão de pause". Parte do ritual é garantir que ele toque em "cada item" do apartamento ao menos uma vez.

O ritual de purificação de Surendra é similar ao da icônica guru de *lifestyle* Marie Kondo. Kondo diz a seus muitos fãs e seguidores: "A chave da arrumação é pegar um objeto de cada vez e perguntar baixinho a si mesmo: 'Isso gera alegria?' Preste atenção à resposta do seu corpo. A alegria é pessoal, então todo mundo a experimenta de maneira diferente."[28] Ela descreve essa emoção como "um ligeiro estremecer, como se as células de seu corpo estivessem acordando". E se nenhuma célula acordar? Jogue fora. Esses rituais de limpeza exemplificam o poder do menos. Os muitos seguidores de Kondo podem atestar seus efeitos: o "método de gerar alegria" os ajuda a serem mais intencionais sobre o que mantêm e a saborear esses itens.

Os rituais de consumo e redescoberta sustentam e aprimoram nosso cotidiano. Os profissionais do marketing descobriram o poder de atração que eles possuem e vendem incontáveis rituais ligados a seus produtos. A Stella Artois não está sozinha. A lista de empresas que usam a técnica do ritual só aumenta. Hoje, é possível comprar vitaminas, produtos de banho, café, tequila e pratos prontos ritualizados. Em 2017, a Oreo lançou o Oreo Dunk Challenge, com participação de

Shaquille O'Neal.[29] O objetivo, declarado, era o de "integrar à cultura o ato de mergulhar o biscoito Oreo no leite". A bebida *ujji* descreve seu consumo como "ritual líquido".[30] Nos jogos de futebol americano do Nebraska, hambúrgueres no formato do estado são grelhados, e os verdadeiros fãs do time Cornhuskers jogam condimentos no rio Platte.[31] Embora esses rituais possam funcionar — a consumidora de *ujji* Anastasia, da Filadélfia, não poupou elogios: "Obrigada por fazer mágica em uma xícara" —, a ciência sugere que, em vez de aceitar (ou comprar) passivamente os que as empresas criam para nos vender, podemos nos tornar agentes ativos, investindo esforço e atenção na preparação de rituais próprios. Os ritos de consumo nos lembram de saborear, extraindo mais alegria de cada momento da vida, de cada memória, gole e mordida.

Capítulo 6

Como persistir

A alegria do autocontrole

Eu quero fazer a coisa certa, mas não agora.[1]

— Gillian Welch

Iogurte desnatado e orgânico de baunilha, com framboesas, amoras, nozes-pecãs e cereal integral. Você já começou o dia com um café da manhã assim? Se sim, parabéns. Trata-se de um início de dia saudável, que demonstra grande disciplina.

E talvez o almoço também tenha sido impressionante. Vegetais orgânicos com molho de limão e manjericão com zero gordura?

Mas e quanto ao restante do dia? O dia com início impressionante já terminou em sorvete de chocolate, biscoitos, cerveja e vinho branco? Muitas vezes, tentamos exercer autocontrole, nesse caso adotando uma dieta mais saudável, mas vencemos algumas batalhas e perdemos outras. Sorvete com cerveja e vinho nem de longe fazem parte do plano.

A comida exemplifica nossa dificuldade de exercitar o autocontrole. Resistir à tentação é uma constante no dia a dia, e a tentação assume muitas formas.

Os psicólogos Kathleen Vohs, Wilhelm Hofmann, Roy Baumeister e Georg Forster recrutaram 205 pessoas de Würzburg e arredores, na Alemanha, para um estudo de uma semana sobre a tentação na vida cotidiana.[2] Sete vezes ao dia, seus smartphones bipavam para perguntar se estavam "experimentando um desejo", como vontade de algo, o impulso ou a expectativa de fazer algo. Em quase metade das vezes, elas respondiam que estavam divididas entre fazer o que deviam e o que queriam fazer — algo que, durante séculos, foi descrito como "falta de força de vontade". Mais da metade de todos os conflitos relatados envolvia procrastinação. Outras fontes comuns de dificuldades eram a saúde e a boa forma: tentar fazer exercícios, ter uma dieta saudável e parar de beber. O desejo por café chegava ao auge pela manhã e o desejo por álcool, à noite, ao passo que o desejo de tirar um cochilo era constante. Os objetivos de abstinência incluíam tanto não gastar dinheiro quanto não trair o parceiro.

Todos responderam a uma pergunta sobre uma tentação particular: você conseguiu resistir? As taxas de sucesso foram abaixo do esperado: em 42% das vezes, os esforços de autocontrole falharam. Os desejos se tornavam ainda mais difíceis de resistir quando as pessoas já haviam resistido a eles o dia inteiro. Todos temos limites.

Ao automatizar nossas decisões, a formação de hábitos pode ajudar um pouco na busca por autocontrole, mas não é infalível. Podemos ter bons hábitos em casa — nenhuma guloseima nos armários —, mas eles podem não ser portáteis. Por exemplo, podemos ter o hábito de beliscar algo durante certas atividades, como ir ao cinema. Os psicólogos David Neal, Wendy Wood, Mengju Wu e David Kurlander interceptaram pessoas prestes a entrar no cinema e deram a cada uma delas um pacote grátis de pipoca. Metade recebeu pipoca fresca e a outra metade, pipoca murcha e velha. A boa notícia é que as pessoas que não tinham o hábito de comer pipoca no cinema comeram menos da pipoca velha que da fresca. Mas as que tinham o hábito de comer pipoca no cinema pareceram não notar a diferença: sem pensar a respeito, consumiram a mesma quantidade, tanto da velha quanto da fresca.[3]

Os rituais, entretanto, operam de maneira diferente dos hábitos. Eles sugerem um caminho diferente para a autorregulação.

A mágica transformadora original

Muitos de nós se sentem presos em uma batalha interna e incessante: enquanto nossos anjos buscam resistir aos piores impulsos da natureza humana, nossos diabinhos nos incentivam a seguir o caminho de menor resistência, cedendo a eles. Ou tentamos ser bons e temos dificuldades ou já falhamos e mergulhamos na culpa. Dado nosso constante esforço por mais autocontrole, não surpreende que as religiões do mundo todo tenham criado rituais para nos ajudar. As religiões, incluindo budismo, cristianismo, hinduísmo, islamismo e judaísmo, para citar só algumas, incorporam elementos de abnegação, pedindo que tenhamos disciplina a fim de provar nossa devoção. Durante certas horas do dia, certos dias da semana ou certos meses do ano, devemos abrir mão daquilo que amamos. (As pessoas fazem esforços ocasionais para trapacear; por exemplo, uma mãe escreveu: "Mais uma vez meu filho prometeu abrir mão de brócolis, um alimento que ele nunca provou, durante a Quaresma.")

O teórico político Michael Walzer sugere que João Calvino, o líder da reforma protestante no século XVI e fundador do calvinismo, criou muitos de seus austeros rituais — como a proibição de instrumentos musicais durante os cultos — não somente como rejeição do que percebia como ornamentação excessiva na missa católica, mas também para encorajar as pessoas a, depois de saírem do culto, praticarem a austeridade no próprio cotidiano.[4]

A religião nos ajuda a dar ouvidos a nossos anjos? É bem óbvio que sim. Observar uma fé significa ser observado. Pertencer a uma congregação pública pode oferecer apoio social e emocional, mas também vergonha social se falharmos. Todavia, os psicólogos Zeve Marcus e Michael McCullough sugerem que há mais na religião que o medo do estigma social. Eles chamam atenção para a ênfase nos rituais que exigem esforço — a disciplina de comparecer a cultos e participar de orações, meditações e jejuns — para ajudar as pessoas a aumentarem sua capacidade de regular e controlar o próprio comportamento, ou seja, a autodisciplina em geral.[5]

A religião esteve relacionada com alguns dos feitos mais surpreendentes da humanidade em termos de autocontrole. Desde o século XI, por exemplo, os monges da escola Shingon de budismo japonês adotaram o seguinte ritual:

Nos primeiros mil dias, faça exercícios rigorosos e sobreviva à base de água, sementes e castanhas.

Nos mil dias seguintes, beba chá feito com uma seiva tóxica usada como verniz.

Então, seja enterrado vivo na posição de lótus, em uma tumba de pedra, respirando através de um tubo e tocando um sino uma vez ao dia. Quando o sino parar de tocar, vede a tumba.

Quando as tumbas eram abertas após mil dias adicionais, os monges que haviam mumificado a si mesmos antes de morrer — *sokushinbutsu*[6] — eram exibidos e venerados nos templos.

Por mais extremo que seja tal ritual, esses monges não são exceção, e essas práticas tampouco foram limitadas ao milênio anterior. Os monges do mosteiro de Simonopetra, na Grécia, fundado no século XIII, têm uma cerimônia durante a qual permanecem em pé, sem comida ou bebida, durante 24 horas.[7] Como Simon Critchley descreveu para o *New York Times*:

O cheiro de mirra era pesado no ar, vindo do turíbulo que funcionava como um acompanhamento de percussão para os cantos [...]. A disciplina física dos monges era difícil de compreender.

Eles ficavam em pé durante horas, sem se mover, se contrair, se impacientar ou roer as unhas. Ninguém bebia nada, tampouco parecia com sede. Perto do fim [...] por volta da meia-noite, notei um ou dois bocejos reprimidos, mas não mais que isso.

Em ambos os exemplos, o ritual está ligado a atos sobrenaturais de autocontrole. As pesquisas sugerem que eles podem ajudar a reunir recursos que serão usados para objetivos específicos — os devotos de uma religião estão menos propensos a ir para a prisão e usar drogas e mais propensos a dar continuidade à própria educação.

Todos esses exemplos carecem de um crítico grupo de controle: pessoas que tentaram feitos similares de autocontrole *sem* o componente religioso, sem os rituais tradicionais. Uma questão crucial permanece: são os rituais religiosos, em particular, que ajudam as pessoas a terem mais autocontrole, ou elas poderiam ter conquistado feitos similares com rituais menos embebidos de tradição — ou até aqueles sem nenhuma história?[8]

O teste do marshmallow é testado

A maior parte das pessoas está familiarizada com o "teste do marshmallow" do psicólogo Walter Mischel: dê a crianças pequenas um marshmallow e diga que, se esperarem 15 minutos, elas receberão dois marshmallows em vez de apenas um.[9] A tarefa encapsula com perfeição a ideia de gratificação adiada, nossa habilidade de resistir ao próprio desejo a serviço de um bem maior que ainda está por vir. (A analogia religiosa é levar uma vida virtuosa na terra a fim de ser recompensado no paraíso.) As crianças que participam do experimento sofrem, se contorcem e têm dificuldade para aguentar. Será que alguma coisa pode ser feita para ajudá-las a postergar a gratificação e dobrar a recompensa?

Em um experimento com 210 crianças (a maioria entre 7 e 8 anos) da Eslováquia e de Vanuatu, a antropóloga Veronika Rybanska e seus colegas tentaram aumentar a habilidade infantil de postergar a gratificação.[10] Durante três meses, os alunos foram retirados das aulas regulares para uma série de jogos. Em um deles, chamado Batidas do Tambor, as crianças eram ensinadas a responder a diferentes batidas com diferentes movimentos.

As crianças foram instruídas a caminhar rapidamente ao som de batidas rápidas, a caminhar lentamente ao som de batidas lentas e a ficar paradas quando as batidas fossem interrompidas. Os professores também pediam que elas respondessem a instruções opostas (caminhar lentamente ao som de batidas rápidas e vice-versa) e associassem diferentes ações a batidas específicas (por exemplo, pular em um pé só ao som de batidas rápidas e se arrastar ao som de batidas lentas).

Cada um dos jogos foi projetado para exigir que as crianças praticassem autorregulação. No caso das Batidas do Tambor, por exemplo, responder a instruções opostas — passar de caminhar rapidamente para caminhar lentamente ao ouvir batidas rápidas — exige esforço e autodisciplina.[11]

Após três meses, todas as crianças receberam uma versão do teste do marshmallow: elas podiam receber um doce agora ou três doces depois. Os exercícios fizeram diferença. As que haviam praticado por três meses foram capazes de postergar a gratificação por muito mais tempo do que aquelas que não participaram da atividade.

O estudo de Rybanska tinha uma camada adicional de complexidade. Os pesquisadores haviam dividido as crianças participantes em dois subconjuntos. Os professores explicaram objetivamente às crianças do primeiro subgrupo por que elas tinham de participar: se praticassem pular em um pé só ao som das batidas rápidas, seriam melhores dançarinas. Mas não deram nenhuma explicação ao segundo subgrupo. Durante meses, só disseram às crianças para caminhar e pular em uníssono. O resultado? As crianças que não receberam uma explicação parecem ter criado uma versão própria: as ações deviam ter um significado mais profundo. (Lembra dos pombos de Skinner, que passaram a ver bicadas e sacudidas de cabeça aleatórias como significativas?) Isso quer dizer que as crianças do primeiro subgrupo foram treinadas a ver os jogos como mera prática, ao passo que as do segundo subgrupo foram treinados para vê-los como algo mais ritualístico. Os dados das crianças do segundo subgrupo revelaram que elas esperaram pelos três doces por muito mais tempo que qualquer outro grupo.

Essa é a natureza das "ferramentas" dos rituais. Sim, nós recorremos a eles quando queremos saborear a vida. Mas também recorremos a eles quando decidimos que o saboreamento já durou tempo demais.

Preso no ciclo

Os monges da escola Shingon de budismo realizavam as mesmas ações por mil dias. Rituais e repetição podem ser ferramentas poderosas para aumentar o autocontrole, mas o comportamento ritualístico pode, com o tempo, começar a nos controlar. O humorista David Sedaris é conhecido por sua luta contra o transtorno obsessivo-compulsivo (TOC) e desenvolveu vários rituais repetitivos durante a infância. Sedaris detalhou sua experiência no ensaio "A Plague of Tics" [uma praga de tiques, em tradução livre],[12] que captura a experiência de viver com TOC em um confronto esclarecedor (embora hilário) com sua professora do jardim de infância.

"Você pula como uma pulga", disse a professora. "Dou as costas por dois minutos e lá está você, com a língua encostada no interruptor de luz. Talvez as pessoas façam isso de onde você vem, mas aqui na minha sala não saímos das cadeiras para lamber as coisas na hora que dá vontade. Esse é o interruptor da Srta. Chestnut, e ela prefere que ele permaneça seco. Você gostaria que eu entrasse na sua casa e lambesse seus interruptores? Gostaria?" Tentei imaginá-la em ação, mas meu sapato estava me chamando. TIRE-ME, sussurrou ele. BATA MINHA SOLA CONTRA A TESTA TRÊS VEZES. FAÇA ISSO AGORA, RÁPIDO. NINGUÉM VAI NOTAR.

O TOC é definido por compulsões ritualísticas e pela "necessidade de ordem e simetria".[13] Os psicólogos Richard Moulding e Michael Kyrios escrevem que o TOC "é caracterizado pelo fato de o indivíduo se esforçar para controlar seus pensamentos e usar rituais para controlar o mundo".[14] Ou seja, pessoas com o transtorno têm a noção de controle reduzida, mas nutrem elevado desejo por ele. Os rituais ajudam a restaurar essa noção de controle, mas não inteiramente — levando a mais rituais. Kate Fitzgerald, da Universidade do Michigan, diz que é como se "o pé estivesse no freio, dizendo para parar, mas o freio não estivesse ligado à parte que faz o carro parar".[15] É por isso que um sintoma central do TOC é engajar-se em comportamentos controlados e repetitivos, como conferir duas vezes se portas estão trancadas e eletrodomésticos desligados, confirmar várias vezes que os entes queridos estão em segurança e outras ações, como contar e tamborilar.

O antropólogo Alan Fiske sugere que os antecedentes do TOC estão profundamente enraizados na psicologia humana.[16] Ele argumenta que comportamentos relacionados ao transtorno possuem uma similaridade funcional em relação aos comportamentos ritualísticos exibidos pelas antigas sociedades de caçadores-coletores. Essas civilizações tinham a urgência de verificar a contaminação — de purificar os alimentos e a água de beber — e permanecer alerta aos perigos de animais e inimigos. Ele argumenta que o TOC é uma expressão patológica dos rituais que nossos ancestrais realizavam para se manter saudáveis e seguros.

Pessoas que sofrem com esta condição acham desafiador — às vezes impossível — parar de realizar seus rituais.[17] Eles se tornam um fim em si mesmos. Sedaris diz o mesmo sobre um de seus comportamentos de infância: balançar-se para a frente e para trás. "Não havia nenhuma outra coisa que eu preferisse fazer. O objetivo não era me balançar até adormecer; não era um passo na direção de algum objetivo maior. A ação era o próprio objetivo."

Também é impossível falar sobre ritual e autocontrole sem reconhecer o papel que os ritos desempenham em desordens alimentares como a anorexia nervosa. Muitas pessoas anoréxicas desenvolvem rituais de não consumo, de abstinência, às vezes similares aos que usamos em estudos. Por exemplo, na pesquisa de Deborah Glasofer e Joanna Steinglass, uma mulher, que chamaremos de Jane, relatou ter desenvolvido o ritual de consumir "um almoço de 150 calorias: iogurte desnatado e um punhado de amoras [...] usando uma colher infantil para fazer o iogurte durar e bebendo água entre cada colherada".[18] Da perspectiva dela, o ritual funcionava. Durante a adolescência de Jane, ela perdeu peso e se sentiu realizada, ao menos no início. Mas, com o passar dos anos, perdeu o controle, a ponto de sua magreza se tornar um perigo para ela e a deixar doente. Como escrevem Glasofer e Steinglass, "as rotinas ocorrem quase automaticamente, sem consideração pelo resultado". Esses rituais repetidos de não consumo podem ser associados a ondas temporárias de prazer e controle, o que faz com que seja desafiador afastar-se deles.[19]

Algumas opções terapêuticas buscam subverter rituais destrutivos ao usar outros para interrompê-los. Por exemplo, um dos tratamentos mais comuns para os comportamentos compulsivos é o treinamento em "inversão de hábitos".[20] A ideia é identificar o comportamento-raiz que está causando problemas e substituí-lo por outro. Se o mau hábito é roer as unhas, por exemplo, as pessoas podem ser treinadas para notar quando as mãos começam a se mover na direção da boca e fazer algo diferente: apertar os punhos, colocá-los ao lado do corpo e contar até três. Isso é chamado de "resposta competitiva". Também é, como você deve ter reconhecido, um ritual básico: um conjunto repetível de movimentos que nos ajuda a fazer uma pausa e retomar o controle sobre o que estamos fazendo.

Muitas estratégias para vencer círculos viciosos como a dependência de drogas e a alimentação excessiva se baseiam no desenvolvimento de rituais como respostas competitivas. Mark Seaman é um dependente em recuperação que trabalha na Earth Rhythms em West Reading, na Pensilvânia. Ele lidera um programa de recuperação chamado Drumming Out Drugs, que procura substituir a atração do vício com uma comunidade construída em torno da música.[21] Seaman sabe muito bem que os dependentes químicos se sentem isolados e que fazer conexões é crucial para romper o ciclo. Ele criou um programa no qual tocar percussão ofereça um novo ritual e uma nova forma de conexão para substituir os comportamentos ligados ao vício. "Os tambores penetram as pessoas em um nível profundo", diz ele. "O ato de tocar produz uma noção de conexão e comunidade, integrando corpo, mente e espírito."

Ao iniciar uma reunião, Seaman pede que as pessoas peguem um instrumento e mostrem ao restante do grupo como se sentem. A cacofonia inicial lentamente se torna mais coordenada, e o grupo começa a criar música. Cada reunião termina transformando a percussão em uma forma de meditação. Trata-se de uma nova perspectiva a programas de terapia em grupo como Alcoólicos Anônimos, e um ritual criado para reunir pessoas e limitar as oportunidades de recaída.

Capítulo 7

Como se tornar

Ritos (e erros) de passagem

Todo mundo sabe que crescer dói.

— Ben Folds

A expressão japonesa *wabi-sabi* é difícil de traduzir.[1] *Wabi* significa algo como "a beleza elegante da humilde simplicidade" e *sabi*, "o passar do tempo e a subsequente deterioração". A expressão captura todo um *éthos*: tanto a percepção de que todas as coisas se quebram e decaem com o tempo quanto uma apreciação mais ampla de como isso pode criar beleza.

Durante a vida, mudamos — crescemos, aprendemos, envelhecemos, amadurecemos. Também podemos *fazer*, a qualquer momento, mudanças deliberadas. Algumas são fáceis. Deixamos de tomar sorvete de baunilha e passamos a pedir sorvete de chocolate, sem muito drama. Mas grandes transições — quando nos tornamos pais ou saímos da casa de nossos pais; quando iniciamos uma carreira ou damos o primeiro passo em uma jornada de recuperação — não são tão simples. Pois, nessas passagens, as mudanças que chegam ao âmago de nossas identidades, não nos limitamos a abandonar o antigo e começar algo. Carregamos conosco alguns elementos do que éramos, mesmo enquanto seguimos uma nova e ousada visão sobre quem queremos ser. Como no *wabi-sabi*, a beleza surge de quebrar quem éramos, reunir os cacos e transformá-los em um novo *self*, mais significativo e verdadeiro após todo trabalho e esforço.

Ritos de passagem

Na virada do século XIX para o XX, como parte da pesquisa sobre a história do folclore francês, Arnold van Gennep cunhou a expressão *ritos de passagem* (em seu livro, apropriadamente intitulado *Os ritos de passagem*) para descrever esses momentos transformadores em nossa vida. Ele observou que pessoas de diferentes sociedades e culturas utilizam uma prática comum quando buscam se recriar: rituais. Van Gennep notou três fases transicionais distintas: ritos de separação, quando abandonamos nossa identidade anterior; ritos de margem, quando estamos no ápice da mudança; e ritos de incorporação, quando assumimos a nova identidade.[2] A segunda fase — os ritos que estão no limiar da mudança — é a mais nebulosa, mas, de muitas maneiras, a mais importante. É aqui que um rito de passagem nos move do ser para o se tornar, das margens de volta ao centro, do pântano ao terreno sólido, de quem éramos para quem vamos ser.

A elegante simplicidade da estrutura de Van Gennep se torna aparente quando pesquisamos a frequência, a amplitude e a complexidade dos ritos de passagem em todas as culturas e percebemos que, a despeito da extraordinária variedade, eles são infalivelmente usados para ajudar as pessoas a se moverem de um *self* para outro.

Para os Amish (anabatistas), a idade adulta é marcada pelo fim do *Rumspringa* — literalmente "correr por aí" —, que começa aos 16 anos.[3]

Essa é a fase limítrofe durante a qual os adolescentes são momentaneamente liberados das restrições da vida Amish e podem tentar coisas novas, como dirigir veículos motorizados e até consumir álcool ou drogas. O *Rumspringa* termina quando os adolescentes decidem ser batizados ou abandonar a comunidade para sempre. Entre os Sateré-mawé, povo indígena do Brasil, garotos de 13 anos passam por uma iniciação com formigas.[4] Oitenta formigas tocandiras — os insetos cujas picadas são consideradas as mais doloridas — são colocadas em luvas especiais, com os ferrões apontando para dentro. Para fazer a transição para a idade adulta, cada garoto deve usar as luvas por cinco a dez minutos, não s uma , mas vinte vezes. No judaísmo, a idade adulta é marcada pelos *bar* e *bat mitzvás*, nos quais os participantes recitam a Torá, aos 12 ou 13 anos, diante da família e de sua comunidade.[5] *Bar* e *bat mitzvás* ocorrem em uma idade na qual, de acordo com a tradição judaica, as crianças estão prontas para iniciarem um relacionamento mais independente com a fé. Elas então passam a ser consideradas responsáveis pela comunidade e crescem na fé, em direção a uma versão mais madura de sua identidade judaica.

Na Noruega, os alunos do ensino médio participam do *russefeiring* durante o último semestre.[6] Nesse rito de passagem, eles usam chapéus com cordões e, para cada realização oficialmente sancionada pelo "comitê *russ*" local, fazem um "nó *russ*". Os desafios incluem passar uma noite em uma árvore (um nó por isso), andar de quatro por um supermercado enquanto latem e mordem as pernas dos clientes (outro nó) e perguntar a pessoas aleatórias em um shopping se têm uma camisinha para emprestar (mais um nó). Em meio a essa lista de comportamentos desconfortáveis e constrangedores, há um aparentemente simples: nadar antes de 1º de maio. Não parece um comportamento que desafie a capacidade de suportar a dor, até que você se lembra em que país se celebra o *russefeiring*.

Embora o contexto desses rituais de várias culturas seja muito diferente, os mesmos elementos emergem repetidamente. O de fisicalidade é onipresente: estamos recitando, escalando e rastejando em direção à vida adulta. Esses feitos físicos são testes de bravura (seja superar as formigas tocandiras ou pedir uma camisinha a um estranho) e independência (recitar uma densa passagem de um texto sagrado perante uma multidão; passar tempo não supervisionado longe de casa... em cima de uma árvore). Esses dois elementos se reforçam e fazem com que a criança se sinta pronta para dar o próximo passo e iniciar a fase seguinte da vida.

Entretanto, também estão presentes em transições que vão muito além da mudança de infância para maioridade. A antiga palavra sânscrita *samskara* tem uma conotação de preparo, organização e aperfeiçoamento. No hinduísmo, *samskara* também se refere a ritos de passagem que cobrem todas as transições, do momento em que nossos pais pensam em nos conceber até bem depois da nossa vida ter chegado ao fim. Há o *Garbhadhana* (intenção de ter um filho); *Pumsavana* (nutrir o feto); *Simantonnayana* (dividir o cabelo); *Jatakarman* (parto); *Namakarana* (escolher o nome da criança) — e assim por diante, incluindo a primeira vez que o bebê sai de casa, a primeira vez que consome alimento sólido, o primeiro corte de cabelo e o primeiro furo na orelha. E estamos falando só da primeira infância; o *Gautama Dharmasutra* (600-200 a.C.) lista quarenta ritos de passagem.[7]

Usamos ritos de passagem em todas as grandes transições da vida. Quando nos formamos na faculdade, usamos beca e capelo e pegamos o diploma. Quando nos casamos, usamos roupas especiais, caminhamos pela ala central e declamamos votos. Quando nos aposentamos, recebemos brindes e jantares ou somos enviados em cruzeiros com todas as despesas pagas. O que quer que fôssemos antes, agora somos outra coisa: um adulto, um graduado, um cônjuge, um aposentado. Essas cerimônias ritualísticas marcam a ocasião, ou seja, têm o objetivo de fornecer uma ponte entre passado e futuro, permitindo que nos vejamos sob uma nova luz.

O "eu" do ritual

Pense em como você se sentiu na época em que estava mudando de uma identidade para outra: saindo de casa pela primeira vez; tornando-se "marido", "esposa", "pai" ou "mãe"; mudando de emprego.

A primeira coisa que me vem à cabeça é uma ocasião durante a qual parecia que todos estavam presentes, mas a reunião acadêmica programada não começava. Os minutos se arrastavam e eu ficava cada vez mais inquieto: o que estava (ou não estava) acontecendo? Até que percebi que eu era a pessoa mais velha da sala e todos esperavam que eu começasse. Subitamente, havia a expectativa de que eu fosse sábio; minha fase de recém-chegado havia acabado.

Minha falta de noção se devia, parcialmente, ao fato de nenhum ritual ter me conferido esse status: eu não havia recebido a titularidade, que é quando todos os professores votam para permitir que você entre para o clube (na Harvard Business School, você até recebe um diploma honorário). Quando tem estabilidade e outros não, está claro quem inicia as reuniões. Eu estava preso no que o antropólogo escocês Victor Turner chamou de "nem uma coisa nem outra", o espaço limítrofe entre duas identidades profissionais — peão recém-chegado e guru experiente —, e não sabia como agir.[8] Os rituais desempenham um papel crucial e significativo nesses momentos limítrofes da vida, movendo-nos de uma identidade para a seguinte. Nesse exemplo particular, sem um ritual para me orientar, eu me senti perdido.

Quando recebi a titularidade, meu trabalho não mudou muito: continuei tendo o mesmo número de turmas, publicando o mesmo número de artigos acadêmicos e procrastinando enquanto assistia aos jogos do Red Sox. Mas comecei a me ver de outro modo. Eu havia me tornado um representante da instituição, alguém que os outros enxergavam como tendo conhecimento e perícia. Harvard havia deixado de ser a faculdade na qual eu trabalhava e se tornado *minha* faculdade — uma parte de minha identidade.

Tais momentos mostram a estreita relação entre os rituais e o "trabalho identitário". Considere "trabalho" aquilo que acontece durante o processo de uma icônica transição de identidade. Os cadetes do programa russo de cosmonautas precisam sobreviver aos anos do intenso e às vezes penoso treinamento necessário para suportar o estresse físico e psicológico das viagens espaciais.[9] Quando estão prontos para fazer a transição de cadetes espaciais para cosmonautas reais do Baikonur Cosmodrome no Cazaquistão, seguem um ritual de três passos antes de partirem para o espaço sideral. Na noite anterior ao lançamento, assistem ao filme russo de 1969 *O sol branco do deserto*. No dia do lançamento, bebem champanhe e autografam a porta de seu quarto de hotel. Finalmente, a caminho do local do lançamento, todos os membros da equipe saem do ônibus e urinam no pneu traseiro esquerdo.

Uma parte desse rito de iniciação homenageia o pioneiro russo Yuri Gagarin, que foi o primeiro a batizar o pneu traseiro da esquerda de um ônibus. Como outros rituais de desempenho, esse também foi projetado para produzir o benefício psicológico da calma. Mais que qualquer outra coisa, ilustra a importância da identidade ao passar de uma fase da vida para outra. Autografar uma porta é uma maneira literal de deixar uma marca, e urinar na propriedade alheia é outra. Os animais marcam território da mesma forma. Para os cosmonautas, as marcas confirmam a transição de aprendizes para profissionais e assinala sua prontidão para a partida.

Os rituais mais efetivos em uma transição de identidade são aqueles que nos dão um marco, um conjunto de ações legíveis que podemos reivindicar. Podemos ver essa dinâmica no efeito posse e em nossa pesquisa sobre o efeito Ikea, discutida no Capítulo 2. Eu amo a caneca porque ela é minha e, se eu mesmo a criei, o sentimento de identificação e posse só aumenta. Dá-se com os rituais o mesmo que com as canecas: os ritos de passagem que criamos adquirem imenso valor. Eles nos fornecem posse, agência e uma maneira de deixar uma marca no mundo. Nossas assinaturas ritualísticas são uma das maneiras pelas quais expressamos identidades, valores, nós mesmos.

Um novo você

O poder dos rituais para nos ajudar a marcar quem somos e quem queremos nos tornar explica por que os empregamos em momentos de guinada na vida — quando nos tornamos adultos, cônjuges, pais, viúvos. Mas também há lacunas. Muitos pontos importantes ficam fora do alcance dos ritos de passagem "tradicionais". Aqui, nossa habilidade de criar rituais se torna muito importante.

No início da década de 1990, os sociólogos Nissan Rubin, Carmella Shmilovitz e Meira Weiss entrevistaram 36 mulheres obesas que haviam decidido se submeter à relativamente nova cirurgia gástrica de *bypass*, na qual os cirurgiões reduzem o estômago ao tamanho de um ovo, em um esforço para promover a perda de peso. Como essas mulheres responderam a uma cirurgia que tinha o potencial de modificar suas identidades? Algumas falaram sobre sua "última refeição": uma referência deliberada e sombriamente bem-humorada às pessoas que aguardam a própria execução. Enquanto algumas jogaram fora todas as roupas, outras as guardaram como lembrete de quem haviam sido.[10] Essas duas últimas abordagens podem parecer contraditórias, mas marcam um limite simbólico entre antigo e novo, passado e presente. Definir esse limite com "ritos definidores pessoais" ajudou essas mulheres a aceitarem seu novo *self*.

Os rituais de transição de gênero fazem algo similar. Como uma pessoa de fé, Elin Stillingen achou importante que sua mudança de nome fosse reconhecida pela igreja norueguesa quando ela o alterou legalmente, junto com seu gênero, em 2020. Ela participou de uma cerimônia liderada pelo pastor Stein Ovesen, na quase milenar igreja Hoff em Lena, na Noruega — um impressionante exemplo de mistura de aspectos de rituais de herança e rituais originais para um propósito novo. No dia seguinte, Stillingen escreveu que a cerimônia de mudança de nome "foi como chegar em casa e encontrar Jesus a esperando".[11] Cerimônias assim também enfatizam por que chamar alguém pelo nome morto — quando alguém usa o nome de nascimento de uma pessoa transgênero de modo a negar sua identidade — pode ser ofensivo. O uso do nome morto expressa que uma transição profundamente significativa para a pessoa não significa nada para o outro.[12]

Muitas pessoas que passam pela transição de gênero usam rituais já existentes para criar os seus próprios. Por exemplo, Rebecca, de Newton, em Massachusetts, pediu que o rabino conduzisse um funeral tradicional para seu antigo *self* no primeiro aniversário de sua vida como mulher. O rabino Medwin sugeriu, em vez disso, que ela afirmasse sua feminilidade com a prática do *micvê*, um banho usado como ritual de purificação. Durante a cerimônia, "Rebecca mergulhou na água três vezes, entendeu a si mesma como mulher judia e abandonou seu *self* masculino".[13]

Em várias culturas e épocas, as pessoas relataram se sentir diferentes, modificadas e transformadas após passarem por ritos de passagem. Às vezes, a iniciação é uma combinação entre rituais preexistentes e novos e, em outras, é um ritual tradicional realizado em um momento pouco tradicional. Considere a prática do segundo *bar mitzvá*. Mark Koller, de Mount Kisco, Nova York, estava preso em um campo de trabalho ucraniano durante seu *bar mitzvá*: 23 de abril de 1943. Durante décadas, ele sentiu que algo estava faltando. Então, aos 80 anos, após ir de um campo de trabalho até os Estados Unidos, ele providenciou um segundo *bar mitzvá* — que celebrou aos 83 anos.[14] O rabino apoiou a decisão, com ajuda da Torá: a média de expectativa de vida é de cerca de 70 anos, então os 13 anos adicionais merecem uma segunda celebração. A leitura que o rabino fez em homenagem a Koller foi a da visão de Ezequiel, de esqueletos retornando à vida — o que, segundo Koller, "pareceu *bashert*", a palavra hebraica para "destino". Aquele dia, disse ele à publicação judaica *Forward*, "foi um sonho que se tornou realidade. Fez com que eu me sentisse destinado a ter essa experiência. Foi um sinal de que venci. É chamado de segundo *bar mitzvá*, mas, para mim, foi o primeiro".

Rituais muito mais simples podem gerar sentimentos poderosos de crescimento, independência e maturidade. A iniciação à maquiagem é um elemento comum dos ritos de maioridade em muitas culturas. Em um estudo etnográfico dos hábitos de maquiagem entre adolescentes na França, o trabalho identitário realizado pelos cosméticos se mostrou surpreendente. "Quando eu era mais nova e minha mãe se recusava a permitir que eu usasse maquiagem", disse uma jovem de 17 anos, "eu usava mesmo assim, só para irritá-la e mostrar que eu já não era criança". Outra jovem da mesma idade, Emeline, resumiu o efeito de se maquiar: "Eu me sinto mulher."[15] Mais que amplificar a beleza, o batom, o rímel, o delineador e outros produtos tornam possível cruzar aquele incerto limiar entre menina e mulher. A socióloga Sara Lawrence-Lightfoot, em seu estudo sobre fins e saídas, nota: "A habilidade de sair [...] é a habilidade de se ver, de dar a si mesma uma pausa, de criar uma nova vida."[16]

Assim como Max Weber lamentando a perda do ritual e da tradição na virada do século XIX para o XX, os comentaristas culturais da atualidade sugerem que os jovens não possuem ritos de passagem significativos para guiá-los da infância à idade adulta. Suzanne Garfinkle-Crowell, uma psiquiatra de jovens adultos em Nova York, escreveu em uma coluna de opinião do *New York Times* que os adolescentes sofrem por muitas razões, e uma delas é o fato de "serem frágeis e estarem em formação: um canteiro de obras humano".[17] Sem rituais, será que todos esses canteiros permanecem estruturalmente instáveis mesmo depois de alcançarem a vida adulta? Alguns psicólogos estão investigando essa possibilidade ao estudar o crescente fenômeno da "adolescência expandida":[18] filhos que permanecem emocional e financeiramente dependentes dos pais mesmo quando já passaram dos 20 anos. Esses adolescentes estão presos no "nem uma coisa nem outra": perdidos entre dois mundos. Talvez não tenham encontrado um ritual significativo para marcar a mudança em sua identidade. Ou talvez o ritual permaneça incompleto: não há cerimônia de graduação para o jovem que permanece na faculdade por seis ou sete anos; tampouco há mudança de identidade para a vida independente para jovens adultos que ainda dormem em seus quartos de criança.

Essa necessidade de conclusão e encerramento é um elemento importante de muitos dos rituais que estudei em várias culturas. É a base de um estudo adicional na minha investigação do efeito Ikea.[19] Nesse estudo, pedi que as pessoas construíssem tediosas caixas da Ikea, mas com novas restrições. Permitimos que algumas terminassem a caixa. Outras tiveram de parar na metade do caminho. As do último grupo não se mostraram dispostas a pagar muito pela caixa — embora pudessem terminá-la logo após a compra. Não concluir a tarefa fez com que a feia caixa permanecesse somente uma caixa, ao passo que a conclusão, a apenas alguns gestos de distância, a transformou em algo mais valioso: *minha* caixa.

O mesmo se dá com o ritual, embora o que esteja em jogo seja muito mais importante. Como diz o estudioso dos rituais Ronald Grimes, "a função primária do rito de passagem é assegurar que estejamos presentes a tais eventos integralmente — ou seja, espiritual, psicológica e socialmente. Sem essa presença, uma importante passagem da vida se torna um abismo, drenando energia psíquica, gerando confusão social e retorcendo o curso da vida. Passagens sem presença se tornam drenos espirituais assombrados por fantasmas famintos, essas ávidas personificações dos assuntos inacabados".[20]

Nos ritos de passagem, a falha significa que a passagem não ocorreu — e, assim, o destino tampouco foi atingido. Quando Barack Obama prestou juramento como presidente em 2009, o presidente da Suprema Corte John Roberts acidentalmente modificou a posição de uma única palavra.[21] A diferença foi entre "Executarei o ofício de presidente dos Estados Unidos *fielmente*" (Roberts) e "executarei *fielmente* o ofício de presidente dos Estados Unidos" (a constituição). Não foi um grande problema, certo? O significado é o mesmo, e até as palavras são as mesmas. Mas algo parecia errado durante a cerimônia — e a transição foi interrompida. Então, no dia seguinte, eles retornaram e refizeram o juramento como estava escrito. (Em 2013, eles decidiram praticar na véspera.)

Arnold van Gennep — o acadêmico que cunhou a expressão *ritos de passagem* — geralmente é descrito como etnógrafo "holandês-alemão--francês", um amálgama de identidades que pode indicar por que ele estava tão interessado em identidades — o espaço limítrofe que ele chamou de *margem*. Gennep descreveu a publicação de *Os ritos de passagem* como um rito de passagem em si mesmo, "um tipo de iluminação interior que pôs fim a uma espécie de escuridão na qual eu estivera perdido por quase dez anos".[22]

O ritual pode ser a luz que nos tira de um momento (ou década) de escuridão. Os ritos de passagem nos transformam como pessoas, ajudando-nos com uma necessidade mais profunda e permanente: a de nos tornarmos alguém ou algo diferente. Nós assinalamos para nós mesmos, e para o restante do mundo, quem realmente somos.

Parte III

Rituais e relacionamentos

Capítulo 8

Como permanecer em sincronia

*Por que os rituais ajudam
a florescer relacionamentos*

Eu acordava às 6h30 todos os dias para preparar o café de Shelly. Um pouco de leite e duas colheres de açúcar. Depois, eu levava para ela, que ainda estava na cama. Shelly dizia que o dia só começava depois que a cafeína corria por suas veias.

Então, um dia, acordei às 6h30 e preparei um café para mim. Não quis preparar o dela.

A pior parte é que ela nem notou.

Paramos de reparar um no outro, Jack. Não tentamos mais fazer um ao outro feliz. Ao perceber isso, soubemos que era o fim.

Nessa cena da primeira temporada da série televisiva *This Is Us – Histórias de família*, Miguel tenta explicar a um amigo a dissolução do próprio casamento usando um ato rotineiro — preparar o café da manhã da esposa.[1] Algo simples que se tornara tão emblemático no relacionamento. Um ritual tão significativo, cuja ausência marcou o fim do casamento.

Esse comovente exemplo ilustra bem como ambos, ao perderem o interesse de manter tal ritual diário, perderam também a dedicação um ao outro.

Você compartilha rituais semelhantes com seu parceiro no dia a dia? Faz coisas surpreendentes, tolas, aparentemente sem sentido e várias vezes com o objetivo de gerar sentimentos de afeição, admiração ou atração? Ao longo de todos esses anos estudando rituais, várias pessoas me contaram sobre seus rituais românticos. As histórias que foram compartilhadas comigo retratam a dedicação, a fascinação, a apreciação e o deleite diários pelo próximo.

No primeiro domingo de cada mês, meu marido e eu fazemos uma caminhada ao amanhecer. Escolhemos um local a algumas horas da nossa casa em São Francisco e saímos quando ainda está escuro. Como fazemos isso há sete anos, já temos um esquema: eu faço o café assim que acordo e transfiro para nossa velha garrafa de acampamento, ele faz sanduíches recheados com pasta de amendoim e geleia, e coloca biscoitos e figos em sacos plásticos com lacre. Colocamos tudo nas mesmas mochilas que usávamos na faculdade, quando nos conhecemos no laboratório de biologia.

Todo sábado, fazemos questão de ir ao *food truck* que vende empanadas perto do nosso apartamento na hora do almoço. Às vezes, como demais no café da manhã e ela implica que não estarei com fome para ir lá. Sempre pedimos carne de porco assada e desfiada e duas Orange Crush, em garrafas de vidro. Uma vez, tentamos dividir uma garrafa, e foi um desastre.

Nos conhecemos durante uma festa na casa de um amigo. Uma joaninha pousou no copo dele, eu tentei tirá-la e espirrei bebida nele. Começamos a rir. Isso foi há mais de vinte anos, e o início da coisa com as joaninhas. Sempre que vemos uma, telefonamos ou enviamos uma mensagem para avisar. Certa vez, há alguns anos, enquanto eu estava viajando a trabalho, ele comprou uma joaninha de plástico baratinha que viu em uma loja do aeroporto e escondeu no copo em que guardo a escova de dentes. Nunca conversamos sobre essas brincadeiras com joaninhas. Simplesmente surpreendemos um ao outro. Não sei como explicar, mas gostamos muito disso. Deve ser a coisa mais romântica que fazemos.

Caminhadas ao amanhecer, sanduíches e biscoitos, empanadas e joaninhas de plástico: nada nessa coleção disparatada de ações e objetos, reunidos no nosso cotidiano, sugere um romance épico ou o êxtase da sedução. A despeito do que sugerem os clichês — a maioria produzidos em massa por empresas —, os rituais entre parceiros românticos têm menos a ver com espumante, rosas vermelhas e violinos, e mais com gestos pessoais que catalisam e mantêm uma conexão íntima e exclusiva. Assim como Ann Swidler demonstra em seu livro *Talk of Love* [Conversa sobre o amor, em tradução livre], o romance tem um repertório, e nós, como intérpretes, decidimos o tom, a cadência e o ritmo que mais se adequam a nossas conexões. Para alguns casais, uma garrafa de vidro de Orange Crush é o mais sedutor espumante disponível. Para outros, uma joaninha de plástico é mais romântica que uma lingerie.

Se os rituais podem nos afetar como indivíduos, como será que afetam os relacionamentos e romances? Será que essas peculiaridades de cada casal trazem algo a mais para nossos relacionamentos mais importantes — mais felicidade, mais conexão, mais prazer?

Em um projeto liderado pela minha colega Ximena Garcia-Rada, tentamos responder a essas perguntas ao observar tais rituais. Garcia-Rada, ex-aluna do NerdLab que explorou o ódio das pessoas por pais que usam o Snoo, trouxe uma perspectiva única. Ela perguntou aos casais o que eles fariam se somente um deles recebesse uma oferta de upgrade para a primeira classe em um voo. Um deles aceitaria a oferta e o casal viajaria separado ou abriria mão do luxo para viajarem juntos?[2] Se você está se perguntando o mesmo, note que permanecer nos assentos 18a e 18b é um indicador muito bom de quão emocionalmente próximo você está do seu parceiro.

Em todas as nossas pesquisas, entre 60% e 75% das pessoas relatam possuir um ritual em seu relacionamento.[3] Ao serem perguntadas sobre relacionamentos atuais *versus* relacionamentos passados, é muito mais provável que relatem possuir um ritual com o parceiro atual. Talvez seja memória seletiva ("Nunca tive nada a ver com aquela pessoa horrível"), mas também pode ser a prova de que os rituais estão associados à satisfação com o relacionamento e nos ajudem a permanecer neles.

Durante as pesquisas, alguns casais relataram antigas tradições, muitas delas relacionadas a práticas religiosas: "Rezamos todos os dias antes de eu sair para o trabalho" ou "Vamos à igreja a cada duas semanas, no mínimo". Alguns rituais eram práticos, dotando ações cotidianas de um significado mais profundo e rico — "Fazemos as tarefas domésticas juntos e sempre ao mesmo tempo" ou "Vamos ao supermercado juntos, todo domingo, às 9 horas da manhã". Outros estavam centrados no afeto e na intimidade — "Ficamos juntos na cama, assistimos a um filme e então fazemos amor" — ou eram personalizados, como o encantador "Quando jantamos, sempre fazemos tim-tim com nossos talheres".

Usamos os rituais para nos deliciarmos ainda mais quando comemos ou bebemos, então não surpreende que rituais de relacionamento envolvam encontros: comida, bebida e dois parceiros dividindo um momento especial — "Bebemos vinho e pedimos comida chinesa toda sexta-feira, depois que as crianças vão para a cama" ou "Toda sexta-feira, fazemos pipoca e assistimos a um filme". A pesquisa das psicólogas Kaitlin Woolley e Ayelet Fishbach mostra que o simples ato de partilhar um prato ao comer faz as pessoas se sentirem mais próximas,[4] e o contrário também acontece: quando as pessoas não podem dividir a refeição — devido a alergias alimentares, por exemplo —, a sensação de isolamento social aumenta.[5]

Catalogar os rituais de relacionamento foi somente o começo. A ideia era que aprendêssemos com nossa pesquisa o máximo sobre quais questões influenciam em uma relação e como elas fazem isso. Não queríamos saber apenas sobre rituais particulares, mas também sobre a qualidade das relações. Por exemplo, perguntamos quanto concordavam com declarações como "Eu me sinto satisfeito com meu relacionamento".

Nenhum ritual pode nos levar ao nirvana, mas nossa pesquisa mostra que aqueles que relataram possuir rituais também se mostraram entre 5% e 10% mais satisfeitos com seus relacionamentos. Os rituais, como discutido na Parte I, funcionam como geradores de emoção em nossa vida. Isso significa que o ritual romântico certo — apropriado a pessoas, momentos e espaços individuais — pode ser o catalisador de sentimentos de amor.

Um casal que participou da pesquisa começou a fazer "caminhadas de fascínio". Aos fins de semana, eles se levantam antes do amanhecer e escolhem um lugar que lhes agrade. "Nossas últimas caminhadas foram focadas em um ninho que descobrimos a 800 metros de casa. Vamos até lá e conferimos se os passarinhos estão saindo do ovo. Sentimos uma inesperada conexão com a natureza só de fazer isso. Quando todos os ovos eclodirem e os passarinhos voarem para longe, procuraremos outro canto. É romântico observar as mesmas coisas, como casal."

Também descobrimos que casais que seguem rituais expressam uma sensação mais intensa de gratidão pelo parceiro. Esses benefícios estão presentes independentemente do tempo da relação. Ou seja, os rituais não levam anos para ser desenvolvidos.

Outro indicador do poder dos rituais em relacionamentos é como nos sentimos quando somos privados deles. Em um estudo de três semanas com 42 casais temporariamente separados — por exemplo, quando um dos parceiros viajou a trabalho —, os pesquisadores descobriram que ambos se sentiram perdidos. Não ser capaz de praticar seus rituais na hora de dormir fez com que os parceiros tivessem mais dificuldades para dormir e permanecer adormecidos. Quando os pesquisadores examinaram amostras de saliva, os níveis de cortisol — que normalmente estão elevados em animais isolados — também estavam altos nos parceiros separados.[6]

O preço do encantamento

Arlie Russell Hochschild, socióloga da Universidade de Berkeley, na Califórnia, escreveu extensivamente sobre classe, capitalismo e os elos que nos unem. Entre os temas que a fascinam, estão os limites entre relacionamentos genuínos e atentos e relacionamentos frios e transacionais. Ela apresentou um exercício aos alunos de Sociologia da Família com o seguinte anúncio:[7]

> Sou empresário, milionário, gentil, inteligente e viajado, só que tímido. Sou novo na área e recebo muitos convites para festas, reuniões e eventos sociais. Procuro uma espécie de "assistente pessoal". A descrição de cargo inclui, mas não se limita a:
>
> 1. Ser anfitriã das festas na minha casa (40 dólares/hora)
> 2. Realizar massagens calmantes e sensuais (140 dólares/hora)
> 3. Comparecer a certos eventos sociais comigo (40 dólares/hora)
> 4. Viajar comigo (300 dólares por dia + todas as despesas de viagem)
> 5. Gerir alguns assuntos domésticos (pagamento de contas e afins, 30 dólares/hora).
>
> Você deve ter entre 22 e 32 anos, estar em forma, ter boa aparência, ser articulada, sensual, atenciosa, inteligente e capaz de guardar segredos. Não espero mais que três ou quatro eventos por mês e até dez horas por semana de massagens, tarefas e outros itens, no máximo. Você precisa ser solteira ou ter um parceiro muito compreensivo!

Uma jovem aluna comentou que o anúncio essencialmente zombava do amor: "O belo entrelaçamento de parceiros amorosos, atentos e espiritualmente conectados [...] é reduzido à mão de obra contratada, mecanizada e sem emoção."

Meus colegas e eu identificamos consequências similares quando relacionamentos são reduzidos a transações. Tami Kim (outra ex-aluna do NerdLab), Ting Zhang e eu perguntamos a pessoas em relacionamentos românticos sobre a tendência dos parceiros de "prestar atenção a quem paga pelo que quando se janta fora ou em outra forma de entretenimento" e "notar quando estou atrasado, mesmo que apenas um minuto". As pessoas com parceiros mesquinhos eram menos felizes. Por quê? Prestar atenção em dólares e centavos é o que esperamos dos bancos, não das pessoas que amamos. Percebemos, assim como Hochschild, que as pessoas queriam seus relacionamentos fossem mais que uma série de transações, um registro contínuo de débitos e créditos.[8]

Queremos, segundo Hochschild, que nossos relacionamentos sejam *algo mais*. "Para se sentirem em um relacionamento encantado, cada parceiro deve se sentir motivado a imbuir uma sensação de magia no mundo. Em um relacionamento encantado, não somente a relação parece mágica, mas o mundo todo."

Mas o que é essa magia e como alcançá-la com o parceiro ou parceira?

Em pesquisas recentes, há a tentativa de quantificar essa sensação de magia de se estar apaixonado. A psicóloga Maya Rossignac-Milon e seus colegas fizeram isso por meio de um conceito psicológico que chamaram de "realidade compartilhada".[9] A realidade compartilhada não envolve apenas crenças em comum, como votar no mesmo candidato, pertencer ao mesmo grupo religioso ou torcer pelo mesmo time. É perceber o mundo da mesma maneira que o outro: achar graça na mesma piada ou processar os acontecimentos com os mesmos pensamentos e sentimentos. Os pesquisadores mensuraram o fenômeno ao perguntar sobre o relacionamento dos entrevistados. Pense em seu parceiro (o atual e os anteriores) ao ler isso:

Quase sempre pensamos algumas coisas ao mesmo tempo.

Os acontecimentos parecem mais reais quando os experimentamos juntos.

Antecipamos o que o outro está prestes a dizer.

Parece que criamos a nossa própria realidade.

Os casais que concordam com essas declarações têm uma sensação mais intensa de realidade compartilhada e — sem nenhuma surpresa — um nível mais alto de satisfação com o relacionamento.

Drew Magary, que é colunista esportivo, captura com perfeição o conceito de realidade compartilhada. Segundo ele, todos os casais "possuem o próprio e estranho universo cinematográfico", contando que ele e a esposa brincam um com o outro dizendo "'paramabéns' em vez de 'parabéns'. Por quê? Não sei dizer. Vocês são sua própria cultura como casal, então é natural que desenvolvam rituais e vernáculos próprios. Acho isso saudável".[10]

O romancista Norman Rush explica de outra maneira: "A linguagem de um casal pode se desenvolver de maneiras peculiares, que parecem normais para os dois, mas muito estranhas para qualquer um que esteja de fora."[11]

Pergunte-se o seguinte: você já sentiu que você e seu parceiro fundiram suas mentes, de alguma forma? Tipo cruzar o olhar, cada um de um lado da sala, e saber exatamente o que o outro está pensando? Suas opções são "sim", "não" e "não sei do que você está falando". (Cerca de 10% das pessoas relataram não saber.) Os casais com alto senso de realidade compartilhada têm esses momentos, quando sentem que seu parceiro os entende tão completamente que eles perdem o senso de *self*, mesmo que somente por um instante, e experimentam a magia de estar se fundindo a outra pessoa.

Em seguida, considere este mágico, e incomum, exemplo de romances no mundo da arte.

No inverno de 1975, uma jovem artista performática que ainda morava com a mãe na Sérvia recebeu um convite para se apresentar em uma importante galeria nos Países Baixos e uma passagem de avião. Quando a artista desembarcou no aeroporto holandês, o dono da galeria esperava por ela ao lado do artista alemão Frank Uwe Laysiepen. No momento em que se conheceram, os dois artistas tiveram uma sensação misteriosa, como se fossem duas partes do mesmo *self*, finalmente reunidas. Ambos eram pálidos e esguios e tinham a mesma altura, além de usarem prendedores no estilo chinês em seus cabelos escuros e compridos. Como gêmeos reunidos em uma comédia shakespeariana, os artistas experimentaram um tremor de reconhecimento: *você*.

Ainda naquele dia, depois de passarem a tarde passeando por Amsterdã, a artista sérvia revelou que seu aniversário era no dia 30 de novembro. O artista alemão pegou sua agenda e mostrou a ela que a folha com aquela data tinha sido arrancada. Também era o dia do aniversário dele. Todos os anos, ele arrancava a folha com aquela data em homenagem ao dia em que nascera. Quando ela viu a página arrancada, tudo ao redor deixou de existir.

Fiquei olhando para a agenda dele. Abri minha agenda e mostrei a ele que eu também arrancava a folha com aquela data, porque odiava meu aniversário.

Os dois jovens artistas performáticos — mais conhecidos como Ulay e Marina Abramović — se sentaram em um restaurante em Amsterdã, olhando as agendas um do outro, presos em um poderoso transe. De repente, eles se viram em um universo somente deles. Nas palavras de Abramović, eles voltaram ao apartamento de Ulay e não saíram de lá nos dez dias seguintes. Na década que se seguiu, todas as suas performances foram criadas em parceria — fossem ficar conectados por um único fio de cabelo, sentados em submissão ao ego um do outro durante 17 horas, ou equilibrando entre seus corpos uma flecha apontada para o coração de Abramović, de modo que um único movimento ou deslize seria fatal. Toda obra que criaram juntos foi uma tentativa de explorar — e, às vezes, explodir — sua conexão cósmica e dependência mútua. Depois de terem se encontrado, eles pretendiam realizar o trabalho artístico de criar um terceiro *self*: nem masculino, nem feminino; e sim algo inteiro, novo e unificado.[12]

Pode parecer que esse tipo de realidade compartilhada só existe na vida dos mais excêntricos e dramáticos artistas e poetas. Embora poucos possam reivindicar uma flecha letal contra o peito como ritual de relacionamento, a maior parte de nós já experimentou os mais cotidianos e misteriosos prazeres de uma realidade compartilhada com alguém.

Que papel os rituais desempenham nessas experiências?

As quatro lições dos rituais em relacionamentos

LIÇÃO 1: Os rituais despertam nossa experiência de compromisso

A maior parte de nós acredita que se casar e morar junto são rituais essenciais de um compromisso, mas começamos a realizar atos menores desde o momento em que pensamos em dividir a vida com outra pessoa. Enquanto avaliamos — aberta ou sutilmente — nossa própria capacidade de assumir um compromisso, também observamos o nível de comprometimento do outro, suas atitudes do dia a dia: ele lhe busca no aeroporto ou ajuda a espalhar o protetor solar pelo corpo? Compra seu donut favorito — aquele com chocolate granulado — quando vai comprar o próprio doce?

Há muitas maneiras menos convencionais de criar uma rotina significativa com outra pessoa. Os icônicos intelectuais e existencialistas franceses Simone de Beauvoir e Jean-Paul Sartre criaram um ritual único.[13] Após se conhecerem em 1929 graças a amigos mútuos na Sorbonne, em Paris, os dois se tornaram parceiros românticos, leitores um do outro e confidentes, engajados em uma conversa que só terminou com a morte de Sartre, em 1980. Era impossível para um deles pensar em algo sem mostrar ao outro ou, ao menos, imaginar o que o outro acharia. Mesmo assim, em termos de casamento convencional — um contrato burguês de monogamia e, para Beauvoir, de subserviência —, ambos recuaram. Em vez disso, foram às Tulherias, um jardim e palácio ao longo do Sena, em Paris, e realizaram a própria cerimônia privada em um banco de pedra. Eles assinaram um contrato: ficariam juntos por dois anos e então reavaliariam a situação. Em vez de "até que a morte nos separe", dois dos mais ferrenhos defensores franceses da liberdade existencial só puderam se comprometer por dois anos. Quando esses dois anos se passaram em uma névoa de cafeína, cigarros e copiosas páginas manuscritas — cartas, peças, tratados filosóficos, romances —, eles renovaram o pacto filosófico, comprometendo-se um com o outro como parceiros primários e essenciais e permitindo que relações casuais pudessem acontecer.

Historiadores e biógrafos criaram todo um ramo de estudos para determinar quem realmente dava as cartas nesse relacionamento pouco convencional. Apesar dos preconceitos, no entanto, tratava-se de duas pessoas que se uniram e criaram um ritual de compromisso próprio. Como vimos no caso do efeito Ikea, o tempo e o esforço — sem mencionar a emoção — que ambos investiram ano após ano nos fornece ainda mais insights sobre tal conexão. Aquele ritual de compromisso era o (decididamente incomum) trabalho de amor deles.

Os resultados de nossas pesquisas revelam trabalhos de amor similares, embora em formas mais cotidianas e convencionais. As palavras que as pessoas usam para descrevê-los comunicaram consistência e repetição — expressões como "toda noite de sexta-feira"; "todo domingo às 9 horas"; "todas as manhãs".

Quer você esteja realizando um ritual contrário às convenções, quer esteja tomando várias atitudes simples que demonstram que se importa, ambas as situações geram um sentido de uma maneira que nenhum documento assinado faz e jamais fará. Você pode investir em comida chinesa toda noite de sexta-feira, mergulhar em águas geladas no primeiro dia do ano ou presentear seu parceiro com um álbum de jazz instrumental em cada aniversário. Pouco importa o que vocês fazem, e sim que o façam juntos e com regularidade.

LIÇÃO 2: **Rituais em relacionamentos são exclusivos**

Seja se abraçar ao acordar, ainda na cama, todas as manhãs, seja uma xícara de café passado, seja o "molho de salada especial" de Olivia Wilde — originalmente criado para seu ex, Jason Sudeikis, e então servido ao novo namorado, Harry Styles —, rituais em relacionamentos são *exclusivos*.[14] As pessoas ficam furiosas quando descobrem que algo que achavam pertencer a seu relacionamento é praticado em outro. "Ela criou um molho de salada para nós dois", Sudeikis teria dito à babá dos filhos durante um momento de emoção, "e agora está servindo o molho para *ele*".

A exclusividade nos relacionamentos é algo não negociável para a maior parte das pessoas, mas por que a exclusividade dos rituais também é requerida? Pesquisas confirmam que somos sensíveis a rituais que nos fazem parecer únicos. Em um estudo conduzido por Lalin Anik e Ryan Hauser sobre entrega de presentes, as pessoas indicaram uma caneca que prefeririam receber do parceiro — estilo A ou estilo B — e foram informadas de que a de estilo A "é feita de cerâmica mais durável e recebeu boas avaliações on-line".[15] De modo geral, e sem surpresa, a caneca de estilo A era a escolhida, exceto quando descobriam que o parceiro já a dera de presente a outra pessoa. Nesse caso, abriam mão da qualidade e escolhiam a caneca que assinalava a exclusividade do relacionamento: a de estilo B.

Isso significa que queremos que nossos parceiros estejam comprometidos com um ritual próprio do *casal*. Por quê? Pela mesma razão que queremos comprometimento não somente com *um* relacionamento, mas com *nosso* relacionamento. Os rituais são uma das maneiras pelas quais deixamos nossa marca, nossa assinatura conjunta, no mundo.

LIÇÃO 3: Os rituais — não as rotinas — criam magia

Imagine dois casais. Em uma das casas, Tim e Seth se preparam para fazer o que fazem todas as manhãs de sábado. Tim pega as sacolas no armário enquanto Seth prepara chá. Tim alimenta o cachorro e o leva para passear enquanto Seth guarda a louça. Às 9 horas, enchem as canecas de viagem — chá com leite para Tim e chá com açúcar para Seth — e vão para a feira, que acontece na rua deles. Ambos esperam a semana toda por isso. A manhã de sábado — caminhar até a feira, escolher frutas e verduras frescas, conversar com o açougueiro, discutir os planos para o jantar — é a parte favorita da semana para eles.

Em outra casa, em outra região do país, Dave e Angie acordam e se preparam para o sábado. Dave pega as sacolas e Angie prepara o café. Dave tira o lixo enquanto Angie dá comida aos gatos. Às 9 horas, eles pegam as sacolas, enchem as canecas de café até a borda e saem. Ambos suspiram antes de tomar um grande gole — eles vão precisar da cafeína. Detestam ir ao supermercado todo sábado de manhã. A repetição tediosa da lista de compras, a espera nas longas filas do caixa, o trabalho de descarregar tudo e guardar nos armários... Quando finalmente terminam, ambos se sentem aliviados. Cada um vai para um canto aproveitar o restante do dia.

A diferença entre essas histórias não tem relação alguma com atitudes, afinal ambos os casais planejam passar tempo comprando comida para a semana. Ela está vinculada ao fato de "a tarefa" para o primeiro casal ser um símbolo de amor e, para o segundo, mera rotina — tratando-se de um hábito, não de um ritual. Para o primeiro casal, esse é o ponto alto da semana; para o segundo, algo irritante e até temido.

Os seres humanos são regulados por um termostato emocional e, independentemente das circunstâncias, tendem a retornar a ele. Após toda a alegria inicial que envolve algo novo, seja na vida amorosa, seja na vida profissional, a felicidade estabiliza e já não nos sentimos tão eufóricos. Esse fenômeno, chamado de *adaptação hedônica*, fornece uma explicação sobre por que até os casais mais compatíveis experimentam alguns momentos difíceis. Os psicólogos Kennon Sheldon e Sonja Lyubomirsky argumentam que, devido à adaptação hedônica, paramos de notar todos os aspectos maravilhosos do que já foi novo e cativante.[16]

Distinguir entre rotina e ritual pode ter um papel significativo. Quando falamos de rotinas, trata-se *do que*. Rituais compartilhados têm um significado mais profundo: trata-se de *como*. Levar o lixo para fora, comer ou tomar café são parte do cotidiano, mas a maneira como as ações são realizadas como casal, em uma realidade compartilhada, pode transformar o mundano em símbolo de amor duradouro.

Decidimos mensurar essa distinção entrevistando quatrocentas pessoas não somente sobre rituais compartilhados, mas também sobre rotinas compartilhadas. Definimos rotina como "atividade realizada em conjunto e com frequência, repetida ao longo do tempo e que se configura como hábito ou tarefa a ser cumprida". Os resultados para os rituais podiam indicar que casais que passavam mais tempo juntos eram mais felizes, independentemente do que faziam nesse tempo. Mas, quando perguntados também sobre as rotinas, descobriu-se que não era assim tão simples. A maior parte dos entrevistados relatou ter um ritual no relacionamento (74%), e um número ainda maior (81%) relatou ter uma rotina no relacionamento. Os rituais tendiam a ser coisas como encontros, ao passo que as rotinas estavam centradas em atividades domésticas.

Os rituais relatados por alguns casais poderiam soar como rotina para outros — como ir ao supermercado ou fazer café. A diferença estava em como essas atividades eram experimentadas. Quando eram consideradas como símbolos de amor, adquiriam nova importância, levando os casais a relatarem níveis mais altos de felicidade e satisfação.

Sempre queremos algo único e extraordinário em um relacionamento, mas, no longo prazo, os rituais cotidianos podem ser mais importantes do que os espetaculares.[17] Ximena Garcia-Rada e Tami Kim realizaram uma pesquisa que mostrou que muitos casais acreditam que experiências extraordinárias são melhores para o relacionamento do que as comuns — por exemplo, planejar um casamento memorável, só que não ter rituais diários e menores, que ainda assim seriam especiais. Para quem está em um relacionamento a distância, ter um fim de semana juntos é passar cada minuto fazendo algo fascinante e inesquecível (pense em paraquedismo e naqueles lugares quase impossíveis de se conseguir no teatro). Esse foco nas aventuras extraordinárias pode deixar de fora atividades menores que ganham significado ao longo do tempo e modelam nossa vida cotidiana. Mesmo que não pareçam pertencer a um romance épico, essas experiências — fazer compras e planejar a refeição a ser preparada, por exemplo — podem ser ritualizadas, apoiando e animando o "universo cinematográfico" que o casal cria junto.

Você não precisa de passeios de helicóptero ou viagens ao outro lado do mundo. Os rituais mais comuns — uma caminhada no parque ou uma taça de vinho na varanda —, repetidos semanalmente, têm o potencial de encantar. A chave para criar magia é compartilhar o mesmo livro de feitiços.

LIÇÃO 4: **Você diz ritual, eu digo rotina**

Assim como escovar os dentes e tomar banho pode ser um ritual animador para uma pessoa e rotina automatizada para outra, nem todos os casais concordam que possuem um ritual — e isso é preocupante. Miguel considerava um ritual preparar o café de Shelly, mas ela podia ver isso como mera rotina. Nosso insight final e de partir o coração sobre os rituais em relacionamentos foi de que o *consenso* é um fator crítico.

No estágio final da nossa pesquisa, pedimos que cada pessoa em mais de cem casais — casados, que moravam na mesma casa ou juntos há uma média de 28 anos — respondesse às mesmas perguntas individualmente, sem conversarem com o parceiro. Com isso, pudemos comparar as respostas. Descobrimos que casais tendem a concordar. Se uma pessoa relatava um ritual, o parceiro tendia a fazer o mesmo. Mas quase 20% discordaram, isto é, um parceiro disse que o casal possuía um ritual, e o outro disse que não. Um exemplo disso foram as noites compartilhadas. Mais de um terço daqueles cujo parceiro alegou que o casal possuía uma noite ritual classificou a mesma noite como rotineira. Ou seja, uma pessoa via a noite como um ritual, um símbolo de amor, e a outra, como algo habitual, fazendo sua parte sem pensar muito a respeito.

Também perguntamos a esses cento e poucos casais românticos quão satisfeitos estavam com o relacionamento. Aqueles que haviam concordado em possuir um ritual eram os mais felizes, e os que haviam discordado não se beneficiavam do ritual unilateral. Infelizmente, eles não se mostraram mais felizes que os casais que concordaram em não possuir nenhum ritual.

Rituais e momentos difíceis

Se os rituais em relacionamentos oferecem geradores emocionais para o casal afirmar a realidade e a identidade compartilhadas, os rituais em fins de relacionamento — rompimento, separação ou divórcio — fornecem a oportunidade para uma muito necessária transição.[18] Trata-se do "nem uma coisa, nem outra" que discutimos no capítulo sobre mudança de identidade. Paul Simon, descrevendo a dissolução de seu casamento com Carrie Fisher, cantou: "You take two bodies and you twirl them into one... And they won't come undone" [Dois corpos se entrelaçam (...) E não querem se separar].[19] Como criar rituais para reconhecer que nossa realidade, outrora compartilhada, agora está fragmentada?

Foi nessa posição que Ulay e Marina Abramović se viram na primavera de 1986, apesar da conexão cósmica e da data de nascimento compartilhadas. Eles haviam acabado de apresentar um espetáculo na Galeria Burnett Miller, em Los Angeles. Para ela, o espetáculo simbolizava o amor e a visão artística dos dois — o que ela descreveu em sua biografia como "criar um terceiro elemento que chamamos de *aquele self* — uma energia não envenenada pelo ego, uma fusão de macho e fêmea que, para mim, era a mais elevada obra de arte". Ulay, em contrapartida, sentia que as apresentações e as interações com os espectadores estavam se transformando em rotina. O aspecto comercial e de networking da arte que produziam havia se tornado um hábito que ele não sabia se gostaria de continuar cultivando. Abramović estava pronta para adotar a vida de uma estrela mundialmente famosa — com os deveres e as inconveniências que acompanhavam essa vida — e Ulay queria ter uma existência mais itinerante e anárquica. Em vez de comparecer a festas de celebridades e pavilhões de arte, ele estava ávido para retornar à vida nômade, viajando pela Europa em uma van.

"Você sabe como lidar com pessoas", disse ele a Abramović enquanto ela entretinha os convidados no coquetel após o espetáculo. "Vou dar uma caminhada." Durante a prolongada ausência, como ela descobriu mais tarde, Ulay a traiu com uma jovem e bela assistente da galeria. Era (mais) uma história antiga como o tempo.

Como duas pessoas que criaram, por mais de uma década, obras a respeito de se tornarem inextricavelmente ligadas acharam uma maneira de se afastar? Os artistas fizeram a coisa mais razoável em que conseguiram pensar, dadas as circunstâncias: a criação de ritual próprio de rompimento. Eles decidiram passar vários meses juntos na Grande Muralha da China — começando em lados opostos de seus 21.196 quilômetros — e se encontrarem no meio a fim de dizer adeus. O projeto — inicialmente chamado *Os amantes* e concebido como uma espécie de casamento — tornou-se, nos anos de espera e quebra de confiança, uma meditação sobre incompatibilidade e separação. Em 30 de março de 1988, após uns dez anos enfrentando a burocracia, os artistas receberam permissão do governo chinês. Marina Abramović começou no mar de Bohai, parte do mar Amarelo, que fica entre a China e as Coreias. Durante meses, ela caminhou por passagens traiçoeiras devido a elevações e a partes da muralha que foram destruídas pelo governo comunista de Mao. Ela e os guias tinham de caminhar durante horas, todas as noites, a fim de chegar aos vilarejos onde dormiriam.

Ulay começou 1.126 quilômetros a oeste, no deserto de Gobi. Enquanto Abramović conquistava as montanhas, grande parte da jornada de Ulay foi sobre dunas de areia. Ele não seguiu a orientação de se abrigar em vilarejos e hospedarias ao longo do caminho e passou muitas noites dormindo sob as estrelas, nas pedras quebradas da Grande Muralha. Ambos se esforçaram a fim de se preparar para o reencontro e o rompimento de todos os laços que os uniam.

Após caminharem durante quase noventa dias, percorrendo cerca de 20 quilômetros por dia, os artistas se encontraram em uma ponte de pedra na província de Xianxim. Ulay chegou primeiro e esperou, sentado, Abramović; ela chegou no fim do dia. Eles se olharam e, como haviam feito tantos anos antes, no aeroporto de Amsterdã, se abraçaram. Depois, foi cada um para um lado, sem se falar durante 22 anos.

Colleen Leahy Johnson, especialista no impacto do divórcio em nossas mentes, usa uma expressão maravilhosa, "civilidade socialmente controlada",[20] para descrever como ex-casais podem superar a amargura participando de cerimônias simbólicas e padronizadas — ou seja, rituais —, criadas para ajudá-los a manter as emoções sob controle. Um casal em processo de divórcio escolheu realizar uma cerimônia de dissolução na igreja e inverter os votos: "Eu devolvo o anel que você me deu quando nos casamos e, ao fazer isso, te libero de todas as responsabilidades maritais. Você me perdoa por qualquer dor que eu possa ter causado?" A cerimônia foi tão comovente que, mais tarde, um dos presentes teve uma epifania: "Muitas vezes, vejo o ritual como fim de um processo, sem perceber que, ao mesmo tempo, trata-se de um novo início."[21]

A filósofa e intelectual Agnes Callard divide a casa com o ex-marido Ben Callard, também filósofo, e com o ex-aluno de graduação e agora marido dela, Arnold Brooks.[22] Os três dividem as tarefas domésticas e cuidam dos três filhos: dois do casamento com Callard e um do casamento com Brooks. Como ela e o ex-marido são próximos, os dois celebram a data do divórcio todos os anos, com um ritual único. "Feliz divorciário para nós! Este é importante: o número 10", escreveu ela no X (antigo Twitter), com uma foto sorrindo ao lado de Ben.[23] Eles saíram para jantar e saborearam as alegrias de envelhecer juntos: uma década de divórcio bem-sucedido não é pouca coisa. "Lembrem-se, crianças: casamentos vêm e vão, mas o divórcio é para sempre. Escolham seu ex com sabedoria!", brincou ela na rede social.

Para muitas pessoas, essa situação pode ser difícil de engolir, mas também há um ritual menos amigável para ex-casais: a "comemoração do divórcio". Uma banqueira de investimentos chamada Gina explicou: "Estou divorciada há três anos e, todo ano, dou uma grande festa para celebrar. Deixo as crianças com meu ex e convido meus melhores amigos solteiros."

A pompa e a circunstância do amor e do compromisso — seja uma cerimônia tradicional de casamento, seja uma noite romântica com rosas e velas — ocupam muito espaço em nossa imaginação coletiva. Nossa pesquisa, entretanto, revelou que os rituais mais significativos dos casais são peculiares. Eles não fazem sentido para aqueles os veem de fora, mas permitem que criemos uma realidade compartilhada com apenas uma pessoa. É como se o casal pertencesse a um país com apenas dois residentes.

Ao fim de palestras sobre minha pesquisa a respeito de rituais, alguém sempre diz "Gostei do que você disse porque meu cônjuge/parceiro tem um milhão de rituais" — sendo que a pessoa falando comigo não tem nenhum. O parceiro quase sempre nega isso e, às vezes, argumenta que é o contrário: o outro que é cheio de rituais. Em vez de tentar identificar quem tem mais rituais, a melhor maneira de cuidar do relacionamento é identificar quais rituais são compartilhados. Se vocês não conseguem apontar nenhum no relacionamento que estão vivendo, desenvolvam um o quanto antes. Todos queremos compartilhar uma realidade com a pessoa amada.

Capítulo 9

Como sobreviver aos feriados

*Rituais para os altos e baixos
de amigos e parentes*

A seguir, temos três descrições de rituais em família. Você consegue adivinhar que feriado eles estão celebrando?

Eu cresci em uma comuna na Colúmbia Britânica, onde tudo era celebrado junto. Os adultos levavam coleções de cítaras, e alguns usavam uma fantasia de serpente, feita de uma bela seda nas cores verde e alaranjado. O corpo sinuoso da serpente era formado por várias pessoas e a que ficava agachada dentro da cabeça da fantasia fazia a língua sibilar. Eu ficava empolgada e com medo ao mesmo tempo. Naquele ano, dancei ao som da música pelo que pareceram horas antes de finalmente apanhar meu presente. Fechei os olhos com força, assustada, coloquei a mão dentro da boca da serpente e retirei dali uma boneca feita com tecidos velhos e barbante. Era exatamente o presente que eu tinha pedido.

Por ser um americano muçulmano, é meu feriado favorito. Sempre escolhemos carne criada e abatida de acordo com as determinações da nossa religião. Na minha família, convidamos todo mundo, então é uma oportunidade de ver tios e tias, primos e seus filhos. Para nós, o ritual trata do versículo "Adora a Deus e sê um dos agradecidos" (Alcorão 39:66). Eu me sinto muito abençoado por ter esse momento sagrado de reflexão e gratidão.

Nossa família é vegetariana, então uso beterraba e ovo decorado com flores. Para nós, a noite e as leituras são uma chance de falar sobre questões de justiça social e o que nossa família pode fazer em relação a elas. As crianças ainda estão com fome após essa versão vegetariana da refeição tradicional, então as levamos para comer uma sobremesa de frutas no restaurante favorito delas.

Você teria adivinhado que a primeira descrição fala do Natal (celebrado em uma família budista não tradicional), a segunda do Dia de Ação de Graças e a terceira da comemoração judaica Pessach?

Os rituais envolvendo feriados religiosos geram emoções poderosas. Como usar tamanha emoção para conjurar sensações de pertencimento, coesão e confiança ao nos reunirmos com parentes? Quais ferramentas culturais podem ser usadas para reinventar e reacender nosso relacionamento com amigos e parentes? Os rituais em família mais tradicionais estão sendo adaptados e muitas vezes reinventados para refletir nossa definição expandida do que forma uma família e como podemos valorizá-la. Os rituais nos mostram que, às vezes, a família é algo que recebemos da vida; em outras, é algo que escolhemos.

Feriados em família

Os feriados são a oportunidade perfeita para analisar o valor dos rituais. Embora seja impossível designar de forma aleatória pessoas a diferentes famílias por alguns anos e mensurar o efeito, o cientista que existe em mim estava determinado a conhecer as possíveis consequências de tais rituais. Famílias felizes têm mais rituais que as infelizes? Os rituais podem tornar uma família mais feliz do que já é? Tolstói escreveu que as famílias felizes são todas iguais, mas cada família infeliz é infeliz à própria maneira. Que papel os rituais podem desempenhar nessas diferentes emoções?

Övül Sezer, da Universidade Cornell, e eu nos unimos para tentar responder a essas perguntas.[1] Sezer é um cientista comportamental e comediante de stand-up. Logo, ela usa experiências da própria família como fonte de material. Eu sabia que ela traria uma perspectiva diferente ao projeto. Conforme os feriados iam passando e cada família praticava seus próprios rituais, tínhamos duas perguntas em mente: os rituais influenciam os sentimentos gerais em relação à família? Eles preveem reações positivas no afeto familiar no dia em que são praticados?

Centenas de estadunidenses nos contaram como passam os principais feriados. Eles possuem algum ritual? Se sim, quais? Os praticam sozinhos ou com a família? Como se sentem sobre a família de modo geral? E como se sentem sobre ela no dia do feriado?

Começamos com o Natal, o feriado mais amplamente celebrado nos Estados Unidos. Mais de 60% das 140 pessoas que entrevistamos relataram celebrar o Natal e ter ao menos um ritual familiar. Muitos dos rituais, 39%, estavam relacionados à abertura de presentes e 34% eram sobre a ceia. Essas duas categorias, portanto, respondiam por quase três quartos de todos os rituais natalinos — fosse pelo peru, asinhas de frango e toneladas de sobremesas, fosse pela abertura de presentes com base na idade.

Quando repetimos a pesquisa na véspera de Ano-Novo, com uma nova amostra de 152 pessoas, havia menos rituais — somente 37,5% das pessoas relataram possuir algum —, e quase 50% dos rituais incluíam jantar em família como elemento central, com drinques emergindo como uma espécie de assinatura. Não importava se eram Crown Royal com Canada Dry, vodca russa com suco de cranberry ou champanhe em canecas de cobre de Moscow Mule, o importante era invocar, por meio dos rituais, o espírito de convivialidade.

A despeito das diferenças entre si, os rituais que documentamos tinham similaridades previsíveis. A comida e a bebida eram uma constante, mas o ingrediente mais importante parecia ser a assinatura familiar compartilhada: o *como*, central à identidade. As pessoas se apropriavam da experiência dos feriados ao experimentá-los de uma forma específica. Era algo tão simples quanto "Nossa família adiciona raspas de limão ao molho de cranberry" ou "Eu coloco os ovos pintados na mesma tigela de porcelana em forma de coelhinho que minha mãe usava quando criança". Essas simples ações demonstraram ser muito importantes e que nem sempre precisamos de pompa ou declarações ousadas para anunciar laços familiares para o mundo e para nós mesmos. Mais frequentemente, gestos e objetos cotidianos são o centro de cada cultura familiar.

Também queríamos saber sobre os efeitos desses rituais. Os parentes se reuniam para praticá-los? Se sim, como eles influenciavam o quanto apreciavam tempo em família? A partir das respostas, tivemos alguns insights sobre o efeito dos rituais nos altos e baixos dos feriados.

Rituais em feriados são gestão logística (tornada especial)

No nível funcional mais básico dos rituais em família, o que realmente acontece? Gestão logística. Somos coordenados por rituais nos feriados.

Com grupos maiores, às vezes pode ser tão simples quanto "as crianças se sentam ali", "começamos a nos servir às 16h45 em ponto" ou "aquele lado da família sempre traz a sobremesa". Rituais assim também fornecem um roteiro útil para que os membros da família evitem águas desconhecidas e perigosas.

Em um estudo realizado em 2020, Jeremy Frimer e Linda Skitka verificaram que jantares para comemorar o Dia de Ação de Graças com divergências políticas eram entre 35 e 70 minutos mais breves do que as refeições nas quais a família tinha crenças uniformes.[2] Considerar os convidados a fim de que todos permaneçam civilizados é uma arte, e um erro pode ter um grande impacto. Segundo a colunista do *Wall Street Journal* Michelle Slatalla, a mordacidade pode ser provocada por não mais que duas cadeiras lado a lado. "O arranjo dos assentos é mais desafiador que o preparo da refeição", comentou ela.[3] Os rituais durante os feriados podem dispersar tensões e manter todos engajados em uma atividade confortável. Ações simples realizadas em família, como enfeitar a árvore de Natal, preparar a ceia, abrir o vinho e arrumar a mesa oferecem um "cessar-fogo" bem-vindo e dão a todos um papel pré-designado a desempenhar.

As emoções geradas por esses rituais podem ser bem simples, como calma ou até alívio. Elas nos deixam menos empolgados ao mesmo tempo que ficamos um pouco mais contentes. A psicoterapeuta Harriet Lerner, autora do best-seller *The Dance of Anger* [A dança da raiva], argumenta que, se a ansiedade é contagiosa — "intensidade e reatividade só geram mais intensidade e reatividade" —, a calma também pode ser.[4] Quando um membro da família se sente calmo, há mais chances de essa energia se espalhar pelo restante do grupo. Os rituais que gerenciam e coordenam as mais básicas ações de conviver e se alimentar em conjunto podem aumentar o equilíbrio entre um grupo grande, caótico e potencialmente combativo de pessoas.

Eu vou por causa do ritual
(não pela rotina)

Ao analisar os dados da pesquisa, um fato ficou evidente: os rituais podem ser práticas que nos fazem voltar para casa. Quem relatou praticar ao menos um ritual em família todos os anos tende a se deslocar para estar com a família no dia em que esse ritual ocorre. Para o Natal, 96% das pessoas — quase todas — que disseram ter um ritual natalino familiar passaram o feriado com a família, ao passo que aproximadamente um terço das que relataram não ter nenhum ritual escolheu não passar o feriado com a família. No caso do Ano-Novo, 90% daqueles com um ritual se reuniram com a família, ao passo que mais da metade sem ritual não o fez. Em todos os feriados abordados por nós, as pessoas com rituais relataram ter gostado do dia mais do que aqueles que se reuniram sem ter rituais. Os benefícios de ter um ritual eram evidentes mesmo entre os que disseram não gostar muito dos próprios parentes. As pessoas se sentiam um pouquinho mais próximas desses familiares não tão queridos — ao menos enquanto colocavam o ritual em prática.

Como na nossa pesquisa sobre relacionamentos, queríamos saber se as famílias praticavam rituais importantes para elas ou se seguiam uma rotina tediosa, mas conhecida. A psicóloga Barbara Fiese, diretora do Centro de Resiliência da Família da Universidade de Illinois, em Urbana-Champaign, faz distinção entre rotina — "Isso é o que precisa ser feito" — e ritual — "Isso é quem somos".[5] Para algumas famílias, a identificação se dá na gastronomia: "Venho de uma família de grandes cozinheiros. Tenho de manter a tradição e dominar a receita de panqueca de cebolinha da minha tia. Não quero decepcioná-la." Ao passo que a identidade compartilhada pode envolver expressão musical e canto: "Na minha família, o feriado não está completo se não tocamos violão e cantamos Dylan até muito tarde, em torno da fogueira."

Algumas famílias celebram lendo juntas: "Após o jantar, nos sentamos nos sofás da sala e nos aninhamos com nossos livros. Gosto de colocar os pés no colo da minha mãe." E, para outras, trata-se de escolher um programa: "Começamos a enviar mensagens de texto sobre a série a que vamos assistir já em outubro. Opções são oferecidas e vence a série com a maior votação. Então, nos sentamos juntos na manhã de Natal e passamos o dia na frente da TV. Ninguém pode sair ou ficar mexendo no celular. Temos uma regra: 'Todos os olhos são necessários.'"

A qualidade da conexão — o elo para uma noção de identidade familiar — transforma a rotina dessas atividades em ritual. Em sua biografia e caderno de receitas *How to Celebrate Everything* [Como celebrar tudo], a escritora Jenny Rosenstrach descreve como uma simples caminhada com os filhos até a parada do ônibus escolar, todas as manhãs, tinha o potencial de ser algo mais:

A ida até o ponto do ônibus escolar transcendia a rotina porque nos conectava a nossa comunidade de uma maneira que, como percebi mais tarde, seria difícil de replicar quando já não houvesse ônibus. No entanto, isso nos conectava como família. Por mais preocupados que estivéssemos, por mais caótico que o dia à frente prometesse ser, começávamos as manhãs juntos. Acho que esse ritual durava menos de oito minutos, mas era garantido que, ao menos uma vez durante esse tempo, uma mãozinha seguraria a minha. Esse gesto bastava para me deixar feliz e energizar um dia inteiro no escritório.[6]

Os rituais podem até não mover montanhas, mas nos movem. Se você está se sentindo distante de amigos e parentes — emocional ou fisicamente —, compartilhar um ritual tem o potencial de reaproximá-los.

Manter tradições nos mantém unidos

Os rituais em família permitem que contemos uma história sobre nossos laços: é assim que somos e é assim que nossa família continuará a ser. A ironia está no fato de que a coesão familiar quase nunca resulta de um esforço de todo o grupo. Muitas vezes, ela é produto de somente uma ou duas pessoas: os agregadores que toda família tem [o termo em inglês é *kinkeepers*]. A socióloga Carolyn Rosenthal, da Universidade McMaster, os descreve como responsáveis por manter a família em contato e garantir que os rituais passem de geração em geração.[7] Um homem de 52 anos comentou que na família dele há uma agregadora que mantém todos conectados: "Ela insiste para nos comunicarmos uns com os outros e se comunica com todos nós." Um homem de 58 anos relatou que o agregador da família dele insiste em reuniões para todos se verem: "Ele organiza piqueniques e festas de aniversário."

Esse trabalho emocional é essencial na definição da identidade de uma família. Alguém precisa ser o produtor teatral, o pregoeiro de feira, o planejador de eventos, o mestre de cerimônias. Alguém precisa organizar os lugares à mesa. Alguém precisa inventar e planejar atividades e eventos que criem um senso compartilhado de pertencimento e até de diversão. Há evidências convincentes de que os agregadores são a cola que mantém o todo. Pessoas com esse perfil tendem a fomentar o convívio entre os membros da família e as reuniões para celebrações importantes. Os irmãos dessas pessoas também são mais próximos.

Mas essa função não é permanente. Na minha experiência, os agregadores se alternam de acordo com as mudanças que ocorrem em uma família. Quando eu era muito jovem, parecia que o Dia de Ação de Graças já chegava pronto, e meu mais fervoroso desejo era crescer e me sentar à mesa dos adultos. Da minha autocentrada adolescência até meus vinte e poucos anos, achava que ficar com parentes no Dia de Ação de Graças era um sacrifício descomunal. Quando cheguei aos 30 anos e me tornei pai, me vi responsável por assegurar que as tradições fossem mantidas e passadas adiante. Meu desejo de comunicar a identidade e o legado para minha filha fez com que eu assumisse o papel de agregador. Eu precisava fazer o feriado acontecer e aprender como trinchar um peru.

Como na maior parte dos casos, os rituais da minha família foram criados, meio aleatoriamente, a partir das caixas de ferramentas culturais que pertenciam a mim e a minha mulher. Combinamos tradições de meus pais (vários tipos de recheio no Dia de Ação de Graças) com as dos pais dela (muitas luzes, penduradas com precisão, para o Natal), além de inventarmos outras (colocar velas sobre a carne e cantar "feliz bolo de carne para você").

Durante a pesquisa, uma mãe compartilhou a seguinte história:

Nosso filho é cientista. Ele se concentrava nas próprias teorias. [...] Agora parece ter tomado consciência de um padrão na vida e segue muitos dos nossos costumes. Se tornou próximo e participa de eventos, como aniversários e feriados, que durante algum tempo pareceram desimportantes para ele. Está retornando à tradição.

Essa resposta ressoou em mim. Assim como esse filho "retornou à tradição" após ter se distanciado, eu também retornei.[8] Para muitos de nós, isso acontece porque a chegada de um filho revela algo que tínhamos e não valorizávamos até então. O papel de agregador também pode ser assumido após uma perda dolorosa. Em um comovente ensaio, o escritor Rembert Browne descreveu o primeiro Dia de Ação de Graças que teve após a morte da mãe: "Minha prima Erin e eu nos sentamos no sofá da minha mãe — saciados, cansados, chocados por uma revelação recente. Enquanto eu contemplava meus 30 anos e ela observava seu novo bebê, percebemos que teríamos de cuidar da nossa família. Enquanto olhávamos os parentes mais velhos na cozinha, ela murmurou: 'Precisamos aprender a cozinhar essas coisas.'"[9] Browne passou por uma experiência que muitos de nós vivenciamos: como seguir em frente sem esquecer o passado? Essa é a pergunta que todos os agregadores parecem tentar responder.

Algo velho e algo novo: rituais legados e faça-você-mesmo

No fim de 2018, a revista *Atlantic* pediu que os leitores enviassem suas "estranhas tradições familiares para o feriado". O leitor Nate Ransil enviou:

O avô de minha mulher adorava o Natal e, uma vez, achou que faltava algo para "sacudir" um pouco a data. Então, preparou um café da manhã especial: pegou ovos, bacon, torradas e suco de laranja, colocou tudo no liquidificador e fez uma vitamina para os filhos. Meu sogro ouviu a história e achou hilária. Virou uma tradição natalina na família dele. Mas, em vez de fazer a mesma coisa todos os anos, os membros da família tentam se surpreender. Sempre há um tema, envolvendo comida, tipo a do filme *O Grinch* (pudim dos Quem, rosbife malpassado dos Quem, sanduíche triplo com molho de arsênico e, é claro, bananas maduras), a do *Um duende em Nova York* (espaguete, biscoitos moídos e xarope de bordo) ou cocô (caixa de areia para gatos cheia de sucrilhos de chocolate cobertos com recheio malcozido de torta de abóbora ou feijões frios servidos em fraldas etc.).

A resposta de Nate oferece um exemplo divertido de como rituais espontâneos emergem e ganham força com o tempo. Outra família, de ascendência escocesa, insiste para que a primeira pessoa a pisar na casa na manhã de Ano-Novo seja um homem alto, de cabelo escuro e olhos castanhos, carregando pão, uísque, leite e um pedaço de carvão.

Nessas combinações únicas — que compõem identidades rituais particulares —, as famílias definem para si mesmas e para o mundo quem são. Como disse Nate, "aposto que ninguém no mundo está comendo a mesma coisa que nós".[10]

Pesquisas mostraram que 88% dos entrevistados relataram possuir um ritual familiar durante a infância e 81% afirmaram que passaram a praticá-los com os filhos.[11] No entanto, 74% também incluíram um novo elemento ao ritual. Essas estatísticas demonstram o poder das tradições familiares, mas também a criatividade e a flexibilidade das pessoas ao adaptá-las e transformá-las em algo novo. Na maior parte das vezes, essas adaptações dão um caráter novo e, ao mesmo tempo, antigo às tradições — atualizadas e melhoradas para se adequarem às necessidades emocionais de cada geração.

Uma avó compartilhou a mistura perfeita de tradição e mudança. Quando ela era criança, a família sempre fazia tortas de carne nos feriados, que o pai e o avô dela, ambos trabalhadores de uma mineradora, levavam para almoçar em meio às longas horas de trabalho. Ela passou o ritual para a filha, que fez o mesmo com os próprios filhos. Ao passar de uma geração para outra, no entanto, as tradicionais tortas de carne já não pareciam apropriadas para sensibilidades e dietas mais modernas. Em vez de tratá-las como algo inviolável, a geração mais jovem adaptou a receita: às vezes usam tofu e curry; em outras, o recheio é batata-doce e espinafre. Um descendente se casou com uma argentina, e as tortas de sua família foram transformadas em empanadas. A massa permanece a mesma — a receita, escrita em um antiga ficha fotocopiada várias vezes, agora brilha em telas de iPhones. Cada geração modifica recheio, formato e tamanho, mas o ritual permanece intacto, e a receita original da massa mantém e honra a cultura familiar.

A mesa familiar

As refeições diárias oferecem outra oportunidade de reinvenção. Nos Estados Unidos, uma em cada cinco refeições familiares são consumidas no carro e quase três quartos, fora de casa.[12] Menos de 33% das famílias americanas comem juntas à mesa mais do que duas vezes por semana.[13]

São inúmeras as pesquisas nas últimas duas décadas que confirmam o poder de reviver esse ritual. Em 2012, por exemplo, uma pesquisa conduzida pelo Centro Nacional de Adição e Abuso de Substâncias da Universidade de Columbia verificou que jantares regulares em família estavam ligados a uma taxa menor de abuso de substâncias entre adolescentes e ao aumento da sensação de conexão entre eles e seus pais.[14] Um estudo com 93 casais com filhos de 7 anos mostrou que os benefícios do rito na hora das refeições são ainda maiores no relacionamento entre pais e filhas, que normalmente passam menos tempo juntos.[15] Na maior parte dos casos, não é uma questão de *se*, mas de *como*. Entre atividades físicas, dever de casa, deslocamentos, aulas e reuniões de trabalho que vão até tarde, como transformar a refeição em um evento significativo para a família?

A psiquiatra Anne Fishel, que dirige o Programa de Terapia Familiar e Conjugal do Hospital Geral de Massachusetts, tem algumas sugestões. Ela percebeu, durante seu trabalho, que as famílias precisavam de ajuda e iniciou o Projeto Jantar em Família, que tem o objetivo de transformar os hábitos das refeições familiares em rituais.[16] Ou seja, que deixem de ser rotinas vazias (isso é o que fazemos) e se tornem experiências significativas, aumentando a conexão entre os familiares e enriquecendo a vida dos filhos (isso é quem somos).

O primeiro passo é escolher uma refeição principal, ou mesmo um lanche, durante a qual a família se comprometa a se reunir — o que significa analisar a agenda de todos os envolvidos para encontrar a meia hora disponível. A chave é escolher apenas uma refeição, e não precisa ser necessariamente a janta. Considerar jantares em família como importantes pode ser desanimador caso o grupo em questão não consiga se reunir para jantar todos os dias. É importante sermos realistas sobre o tempo que temos.

Também vale a pena ir devagar na escolha do cardápio — embora a comida caseira e saudável seja melhor para todo mundo, o estresse de preparar uma refeição do zero pode ser outra barreira. Como em muitas áreas da vida, o ótimo pode ser inimigo do bom. O que Fishel propõe é mais divertido e improvisado: menos um assado de domingo e mais uma família se reunindo para comer pipoca nas noites de terça-feira. Algumas opções são: "lanches-surpresa embrulhados para presente", "loucura dos sanduíches (coloque tudo o que encontrar na geladeira entre duas fatias de pão e leve à sanduicheira)", "jantar no palito (um pai com o qual conversamos confirmou que tudo tem gosto melhor no palito)" ou "piquenique no tapete (anime as coisas usando a toalha xadrez e a cesta de piquenique e sirva sanduíches e lanches simples em um novo contexto)". A refeição em família pode voltar à vida quando ignoramos algumas convenções.

Na visão de Fishel, tópicos de conversa ensaiados e banais, seguindo o exemplo de "Como foi seu dia na escola?", estão proibidos. O Projeto Jantar em Família inverte esse roteiro padronizado, transformando-o em Escolha sua Aventura. Em vez de conformidade, Fishel encoraja os membros da família a usarem sugestões de conversas que possam produzir surpresa, deleite e curiosidade, além de gerar sensação de pertencimento.

Há até perguntas específicas para cada grupo etário, como:

> Se você tivesse superpoderes, quais seriam e como os usaria para ajudar as outras pessoas? (Entre 2 e 7 anos.)
> Se fosse diretor da escola, você mudaria algo? O quê? (Entre 8 e 13 anos.)
> Se tivesse uma semana livre, um carro com o tanque cheio, muita comida e seus dois melhores amigos, para onde você iria e o que faria? (Entre 14 e 100 anos.)

Essas perguntas não são mágicas. A questão em foco é que a família se comprometa a reservar tempo e espaço para si mesma, e seus membros abandonem um roteiro engessado, se arrisquem e se exponham. Fishel encoraja uma refeição na qual a família seja convidada a ser ela mesma, sem precisar manter um cenário de polidez — proferindo banalidades que podem interferir nas conexões mais significativas. Liberte-se.

Os rituais em família nos unem, mergulhando-nos no momento e reforçando nosso senso de identidade como um grupo. Um de seus benefícios mais duradouros é a dádiva da memória. Entre as muitas de nossas recordações — de tios, primos em primeiro e segundo grau e todos os que amamos e que nos deixaram — encontram-se momentos nos quais a família estava reunida e um ritual acontecia. Inicialmente, pode parecer um esforço descomunal organizá-los, mas os rituais acabam se tornando atos de amor. A estrutura familiar e a capacidade de adaptação nos dão um repertório compartilhado e um banco de memórias que podemos acessar a vida inteira. Muito mais que ocasiões para ver a família, são ocasiões para *ser* uma família.

Capítulo 10

Como viver o luto

Lidar com a perda

*Não é algo que você supera.
É algo a que você sobrevive.*[1]

— Willie Nelson

Em 1863, em Nova York, a Lord & Taylor inaugurou uma "loja de luto" para responder à crescente demanda de viúvas enlutadas, devido ao flagelo da guerra civil. Estavam em promoção variações em *grenadines* de crepe; *balzerine*, uma mescla de algodão e lã; e *barege*, uma lã transparente e fina como gaze. Só que tudo era em preto. Como quase não havia roupas adequadas, as mulheres sofriam para encontrá-las. Elas estavam ávidas — desesperadas — para encontrar roupas que as ajudassem durante aquele período de sofrimento.

E era um luto sem fim, tema inclusive do estudo de Drew Gilpin Faust sobre a guerra civil americana, *This Republic of Suffering* [A república do sofrimento]. "O número de soldados que morreram entre 1861 e 1865, estimado em 620 mil, é aproximadamente igual ao total de mortes americanas na revolução, na guerra de 1812, na guerra de independência do México, na guerra Hispano-Americana, na Primeira Guerra Mundial, na Segunda Guerra Mundial e na guerra da Coreia", escreveu Faust. "A taxa de mortalidade da guerra civil, a incidência em comparação ao tamanho da população, foi seis vezes maior que a da Segunda Guerra Mundial. Uma taxa similar, de cerca de 2%, nos Estados Unidos de hoje significaria 6 milhões de mortos."[2]

No sul, onde a taxa de mortalidade era ainda mais alta — 18% dos homens brancos alistados morreram durante a mesma guerra —, o ritual de usar uma vestimenta específica funcionava como uma ferramenta de superação para as mulheres enlutadas. De acordo com os costumes sociais da época, o período inicial e mais intenso do luto exigia que aquelas que haviam perdido maridos e irmãos em batalha usassem somente preto. Durante a fase intermediária, elas podiam incorporar tons de cinza; a cor lavanda podia ser acrescentada mais tarde, em golas e punhos. Joias eram proibidas, a menos que tivessem um retrato ou fios de cabelo do falecido. Para mim, o mais interessante é que a duração de cada fase dependia de quão próxima a enlutada era do falecido. Preto, cinza, lavanda: cada uma dessas fases seria mais longa para a perda de um marido ou irmão que para a perda de um primo ou tio.

O relato de Faust sobre os rituais de luto do século XIX é comovente. Não pude deixar de me perguntar se as pessoas olhavam as roupas com tons cinza esperando, ansiosamente, que o pesar diminuísse. Será que esses códigos de conduta serviam como garantias às mulheres enlutadas de que outras haviam seguido os mesmos códigos no passado e sobrevivido à dor?

Outra coisa que chamou a minha atenção foi como esses rituais combinavam elementos antigos e novos. A prática de usar roupas de luto por determinado período estava bem estabelecida. Só que as mulheres que passavam por esse processo praticavam também outros rituais tradicionais — como orações e visitas à igreja e às sepulturas. Tais rituais consagrados pelo tempo podem enviar importantes sinais para aqueles que os praticam. O pesar deixa aqueles que sofrem pela perda não apenas com a questão de como lidar com a dor, mas também por quanto tempo vão precisar fazer isso. Um ritual com uma longa história de existência — como o Shiva do judaísmo — prova que durará para sempre, mas que as pessoas se recuperam do sofrimento.[3]

As mulheres enlutadas da guerra civil também criaram práticas ao se apoderarem de rituais estabelecidos — enfrentando a sombria realidade: a perda de vida em batalha. Por que lavanda? E como estabeleceram determinado período específico de tempo?

Como antes eu era cético, concebi que tudo o que envolvesse os rituais era algo religioso, enraizado em crenças sagradas e datado no início da história registrada. (Na primeira obra de literatura de que se tem registro, o *Épico de Gilgamesh*, de 2100 a.C., o protagonista faz várias ofertas de farinha ao deus sol, Shamash.)[4] Nenhum livro sagrado ou religião no mundo exige lavanda. Aliás, é espantosa a variação da paleta de cores em situações de luto — do branco (Japão e certas culturas nativo-americanas) ao preto (cultura ocidental e tradição hinduísta), do amarelo na Europa Oriental à púrpura na América do Sul.[5] As pessoas enfrentam o sentimento de perda usando cores e roupas diferentes e demonstram notável criatividade e diversidade nas escolhas.

Muitos rituais de luto são públicos e organizados. Em 2016, as cientistas sociais Corina Sas e Alina Coman entrevistaram pessoas que costumam testemunhar esse momento — psicoterapeutas — e pediram que compartilhassem alguns rituais de pacientes que eles consideravam ter benefícios terapêuticos.[6] O primeiro deles era a inserção dos enlutados na comunidade.

Quando o luto é vivido de forma social e visível, honramos nossas conexões com aqueles que perdemos. Em algumas culturas, ele é externalizado e legitimado por meio de uma performance dos enlutados. Você sabe como agem as enlutadas profissionais de Mani, na Grécia?[7] São mulheres pagas para chegar aos funerais vestidas de preto e com as cabeças cobertas, de modo que somente os olhos e a boca fiquem visíveis. Em um momento determinado com precisão, elas dão um uivo primal. Não é uma canção, não é um grito. Elas externalizam a experiência emocional da perda e a encenam durante o funeral, gerando uma catarse para aqueles que estão sofrendo e que se tornam espectadores, mesmo que por um momento, daquele teatro.

Essa profissão é comum na China e na Índia, e a ideia está chegando à Inglaterra, com famílias contratando atores para se apresentar durante os funerais. Do ponto de vista de algumas famílias, o gesto simplesmente dá a impressão de mais pessoas presentes à cerimônia; para outras, a presença desses profissionais ajuda no ritual — seja encenando pesar, seja como ouvintes ativos dos convidados. Owen Vaughan, um enlutado profissional na Inglaterra, escreveu em um ensaio: "As pessoas se reúnem para fazer isso desde sempre. Compartilhar histórias, chorar, ter um encerramento. Eu as ajudo com isso. É o que eu faço."[8]

Se esses profissionais ajudam a externalizar o pesar, outros ritos coletivos aproximam a comunidade enlutada no momento em que ela mais precisa. Quando um SEAL [membro da força de elite da Marinha dos Estados Unidos] morre, seus colegas seguem um protocolo distinto.[9]

Eles se aproximam um a um, removem o broche dourado da lapela esquerda do uniforme e o prendem no caixão do colega falecido. O símbolo primário da irmandade está ausente e só será substituído depois do enterro. O morto leva os broches de seus colegas para a sepultura.

Apesar de unidades militares estarem intimamente familiarizadas com a morte, isso não torna mais fácil enfrentá-la. O ritual realizado pelos SEALs permite que eles honrem os laços de serviço e sacrifício compartilhados e sintam o coleguismo entre eles, mesmo os que nunca se conheceram.

Quando a morte cerebral de doadores de órgãos é oficialmente declarada, seu altruísmo é comemorado de maneira similar: alguns hospitais realizam uma "caminhada de honra".[10]

As portas da unidade de terapia intensiva se abrem e há um corredor de pessoas dos dois lados do caminho. Todos ficam em silêncio com o passar da cama hospitalar enquanto o paciente é transportado para a ambulância ou para a sala de cirurgia, acompanhado dos pais. [...] As pessoas reunidas para honrar aquele momento estão usando suas roupas de trabalho, evidenciando que paramos nossos afazeres para estar ali: jalecos brancos e gravatas, uniformes azuis amassados, toucas cirúrgicas e ternos listrados.

"Algo solene, quase sagrado, acontece durante esses minutos no corredor", contou Tim Lahey, médico do Centro Médico da Universidade de Vermont. "Esperamos e conversamos com pessoas de todas as profissões e classes. Juntos, honramos um grande sacrifício. Agradecemos. Temos a esperança de ser um conforto para a família que sofre em um momento de perda incompreensível."

A caminhada atrai a atenção de todos e transporta as pessoas para uma realidade coletiva, mesmo que por um momento.

Os rituais de luto são ocasiões de atenção compartilhada, uma maneira de, juntos, canalizarmos nossos sentimentos pela partida definitiva de alguém especial. Eles fornecem um momento e um local para mergulharmos na memória, nos reunirmos em um propósito comum e honrarmos a perda. Também oferecem um roteiro útil para lidarmos com nosso pesar e para que outros nos ajudem. Ao usar preto, as pessoas assinalam seu estado emocional e orientam sobre como interagir com elas.

Privar a morte da sua estranheza

O historiador francês Philippe Ariès se refere ao século XX como era da "morte proibida",[11] registrando como a prática moderna de não contar a quem está morrendo o que está acontecendo leva os entes queridos a suprimirem as próprias emoções. Nosso instinto é não pensar sobre a morte, afastar as pessoas do espectro da perda, esquecer o mais rápido possível e seguir em frente. Isso é ainda mais verdadeiro quando tentamos "proteger" as crianças do assunto, mantendo-as em casa durante um funeral e excluindo-as de outros rituais comunitários de luto. Essa também é uma ideia moderna e, como muitos outros editos da era corrente, fede a ilusão. Como o erudito da Renascença Michel de Montaigne escreveu em seu atemporal *Ensaios*:

> Para tentar diminuir o poder da morte sobre nós, vamos privá-la da estranheza, vamos normalizá-la, nos habituarmos a ela. Vamos não pensar em nada mais que a morte.[12]

Foi isso que um jornalista e compositor chamado Mike Brick decidiu fazer — "privar a morte da sua estranheza" — em 2015.[13] Ele sentia fadiga e dor no peito havia meses e, aos 40 anos, agendou uma consulta médica.

Mike foi diagnosticado com câncer de cólon em estágio 4 e — embora tenha feito uma quimioterapia bastante agressiva — havia pouco a se fazer. Ele e a esposa, Stacy, começaram a se preparar. Mike era católico e pediu uma missa fúnebre — uma reunião dos ternos formais e dos bancos de igreja. Por ser compositor, precisava haver boa música — a banda dele tocaria em sua homenagem — e muitas e boas histórias. Os dois conversaram sobre um velório seguindo o estilo irlandês. Escolheram um refúgio lendário dos músicos de Austin, chamado Hole in the Wall, e discutiram os detalhes do dia que em breve chegaria.

Quando a coisa toda foi ganhando forma — a festa à qual ele não compareceria de verdade —, subitamente tudo pareceu errado.

"Você deveria estar aqui", sugeriu Stacy, "e participar do seu próprio velório".

Quem disse que é preciso estar morto para comparecer ao próprio funeral? Em algumas horas, os planos para uma futura noite no Hole in the Wall foram abandonados. Mike e Stacy conseguiram um local para a semana seguinte. Amigos, familiares e ex-membros da banda viriam de todos os cantos do país. As ações pareciam familiares: a louca correria para comparecer e os planos cancelados que todos experimentamos ao sabermos que um ser amado morreu. A diferença era que Mike estaria lá: vivo. Ele estava prestes a fazer a maior apresentação da vida.

Em 13 de janeiro de 2016, ele estava em uma sala cheia de seres amados e se viu morrer nos olhos deles. Esse ato de bravura foi descrito por muitos artigos e tributos escritos pelos amigos jornalistas dele. De acordo com os relatos, Mike se voltou para as centenas de rostos a sua volta e disse: "Eu tive a sorte de escolher as pessoas certas na minha vida. Amo todos vocês." Então, ele e sua banda, Music Grinders, tocaram um *pot-pourri* de duas horas, enquanto amigos queridos dançavam e seus filhos pequenos entravam e saíam da sala. A banda terminou com um cover de quase seis minutos e meio de uma das canções favoritas de Mike, durante a qual ele olhou cada um dos presentes nos olhos. "Eu amo vocês", repetiu a todos.

Por que você estaria ausente do evento mais importante da sua vida? Mike morreu semanas após o próprio funeral e, alguns dias depois da morte dele, Stacy e a família seguiram o que havia sido planejado antes. O que seus filhos se lembram, no entanto, e Stacy valoriza até hoje, é da vitalidade do pai diante de uma doença que parece tirar todas as forças.

"Mike não queria, mas sabia que precisava partir", disse Stacy aos amigos. "Ele encarava isso com tanta graça que quis ajudar todo mundo a enfrentar esse fato. Aquela festa foi para isso."

Outros grupos também tentam se contrapor à era de morte proibida. Death Over Dinner é um movimento que une pessoas durante uma refeição compartilhada para conversar a respeito da finitude da vida.[14] Os convidados se divertem com o tópico aparentemente sombrio — "Vamos jantar e falar sobre a morte" —, ao mesmo tempo que reconhecem que compartilhar uma refeição à mesa é a melhor maneira de se conectar durante uma discussão sobre mortalidade. "Criamos esse mito de que ninguém quer falar sobre a morte, mas acho que isso não é verdade", disse Michael Hebb, que fundou a organização numa tentativa de enfrentar a crise dos cuidados terminais nos Estados Unidos.

Nosso desejo cultural de nos protegermos da morte e até de a afastarmos pode sair pela culatra, ao passo que aprender a lidar com ela, por mais doloroso que pareça, pode ser algo benéfico na nossa busca por aceitação.[15] Crianças que comparecem ao funeral dos pais, por exemplo, demonstram lidar melhor com a perda do que as que não comparecem.[16] E pais que passam pela devastadora experiência de ter um natimorto relatam lidar melhor se têm a chance de segurar o bebê antes de se despedir.[17]

No Japão, vem emergindo um movimento para ajudar a população idosa e isolada a encontrar "amigos" após a morte. Esses *hake tomos*, ou amigos de sepultura, encontram-se e comprometem-se a comprar túmulos adjacentes. Em vez de amigos neste mundo, *hake tomos* serão amigos no próximo.[18] Eles concordam em acompanhar um ao outro na passagem para o outro plano. Embora o fenômeno possa soar sombrio, a antropóloga Anne Allison, que o estudou, consegue descrevê-lo em termos mais brandos. *Hake tomos* é "uma maneira ativa de morrer, de evitar ficar sem abrigo e sozinho após a morte".

Michel de Montaigne exorta a todos a normalizarem a morte. Não é fácil — muitas vezes, é desconfortável e faz com que nos sintamos vulneráveis —, mas os rituais podem ajudar.

Não há "pico" de aceitação

Muitos dos nossos honrados rituais são limitados no tempo, às vezes a um único dia (um funeral) ou a algumas semanas. Os ritos que outrora se estendiam por mais tempo, como as sequências de cores das roupas, tornaram-se raros. Quando nos casamos, celebramos a data todos os anos, mas as cerimônias para marcar o aniversário de morte de um ser amado são menos comuns. Após um período breve e oficialmente sancionado para o luto, seu aspecto comunal termina de forma abrupta. Os enlutados relatam experimentar uma avalanche de condolências e preocupação após a perda que desaparece logo em seguida. Quando o funeral termina, depois que todo mundo volta para casa, ficamos com a nossa perda e todos ao redor continuam a viver. Literalmente. Nos Estados Unidos, não há lei que preveja licença por luto.[19]

Como qualquer um que tenha passado por isso sabe, não é assim que o processo funciona. Em um estudo que acompanhou 233 indivíduos por 24 meses após a morte de um ente querido, a descrença chegou ao auge um mês após a perda, a saudade após quatro meses, a raiva após cinco e a depressão após seis.[20] Infelizmente, muitas vezes nos forçamos a seguir em frente, a parar de pensar na pessoa, a "superar".

Em 1969, Elisabeth Kübler-Ross, uma psiquiatra nascida na Suíça, escreveu um livro documentando o trabalho que realizava com pacientes terminais e a experiência com a morte, *Sobre a morte e o morrer*. Na época em que ela pesquisava para o livro, a comunidade médica tendia a obscurecer ou disfarçar o assunto, assumindo que os pacientes terminais não queriam ou não precisavam saber quão doentes estavam. Havia eufemismos e indiretas: falar sobre a morte era admitir derrota. Kübler-Ross contrariou todas essas suposições na influente obra ao argumentar que aquelas pessoas estavam cientes da condição na qual se encontravam e mereciam a dignidade de uma avaliação médica honesta. "O paciente está no processo de perder todos e tudo que ama. Se puder expressar a dor que sente, a aceitação será muito mais fácil."[21]

Kübler-Ross explicou os cinco estágios da morte enfrentados pelos doentes terminais que acompanhou: negação, raiva, barganha, depressão e aceitação. Esse paradigma, originalmente concebido para corrigir suposições errôneas da comunidade médica, tornou-se um modelo para como as pessoas deveriam passar pelo luto. Hoje, a terminologia é tão conhecida que, se os enlutados não passaram pelos cinco estágios, os familiares tendem a dizer que eles não processaram completamente a perda.

Suspeito que esse aspecto linear dos cinco estágios de Kübler-Ross — a sensação de que um estágio se segue ao outro em uma sequência que culmina em um final bem definido — seja muito conhecido. Todavia, não há nenhuma ciência comprovada por trás dele, nenhuma razão para pensar que todo mundo precisa passar pelas cinco fases. Por que não três ou quatro? Em muitas culturas indígenas nas quais a comunicação com os ancestrais ocorre todos os dias e a morte é um estado transicional, a "aceitação" pode nunca ocorrer formalmente. Isso significa que essas culturas estão passando pelo luto de maneira errada?

Em um estudo com grupos de apoio no norte da Califórnia, pessoas que haviam perdido um ente querido nos três meses anteriores foram convidadas a avaliar a utilidade dos rituais considerando 23 objetivos. Dois dos resultados mais votados estavam intimamente relacionados a um senso de aceitação: os enlutados sentiam que os rituais os ajudavam a "aceitar o luto como processo continuado" e "a morte do ente querido".[22]

Willie Nelson captura isso melhor quando canta que a perda não é algo que superamos, é algo a que sobrevivemos. O pesar diminui não quando tentamos esquecer e seguir adiante imediatamente, mas quando temos forças para passar pela dor aguda que se segue à perda. No estudo com os 233 enlutados, o estágio de "aceitação" não teve nenhum pico: a aceitação apenas aumentou gradualmente com o tempo.[23]

O homem por trás dos óculos de Groucho Marx

No outono de 2010, um de meus heróis intelectuais e estimado membro do departamento de psicologia social de Harvard, Dan Wegner, foi diagnosticado com esclerose lateral amiotrófica (ELA). Ele foi o pesquisador por trás do ambicioso e inovador estudo sobre supressão do pensamento e ursos-polares. No mundo acadêmico, era conhecido por ser original: um intelectual independente disposto a investigar as mais estranhas e espinhosas questões nos cantos mais obscuros do seu campo de atuação. O que é livre-arbítrio? Quais são as fundações psicológicas do segredo e da obsessão? Entretanto, a célebre carreira de Dan não faz justiça a toda diversão e leveza que ele levou a aspectos (às vezes) asfixiantes da vida universitária. Para começar, era um gigante — mais de 1,90 metro — e insistia em usar camisas havaianas largas e gritantes. *Elegante*? Talvez não seja a palavra certa. Autêntico? Definitivamente.

Ele também tinha uma meticulosa coleção de narizes e óculos de Groucho Marx. Para registrar o nascimento da primeira filha, Dan usou um, entregou outro à esposa, Toni, e colocou o terceiro sobre o rosto minúsculo da recém-nascida antes de tirar uma foto. Quando a segunda filha chegou, mantendo o ritual, todos na família usaram flechas falsas na cabeça.

Quando soube que Dan havia morrido aos 65 anos em 2013, me juntei à legião de amigos e colegas arrasados e lamentei perdê-lo. A família dele seguiu o ritual de um serviço fúnebre para celebrar aquela vida que se foi. Dan fizera um pedido especial antes de morrer: queria que todo mundo comparecesse usando uma camisa havaiana e óculos de Groucho Marx. Quando olhamos em torno na sala lotada, era como se todos nós o estivéssemos canalizando. Ele estava presente em todos nós: a teatralidade o convocou. Esqueça o preto. Acho que ninguém antes — ou depois — mapeou o pesar e a memória por meio de dobras de tecido em padrões tropicais e óculos de Groucho Marx.

Essas manifestações legíveis — a instrução de usar camisa havaiana ou vestido preto de crepe — devolvem certa sensação de controle à vida dos enlutados. A experiência de perda de controle prevê, em si mesma, a intensidade do luto, e muitas avaliações a focam mensurando as nossas preocupações com a perda de domínio sobre as emoções, a sensação de impotência e o choro descontrolado.[24] A descrição de Joan Didion em *O ano do pensamento mágico*, falando das próprias atitudes logo após a morte súbita do marido, ilustra essa necessidade de controle.[25]

Eu me lembro de juntar o dinheiro no bolso com o dinheiro na minha bolsa, alisando as notas e tendo o cuidado de separar as de 20, 10, 5 e 1 dólar. Eu me lembro de pensar que, assim, ele veria que eu estava lidando bem com aquilo.

A covid-19 e o luto

Um aspecto doloroso da pandemia de covid-19 foi a impossibilidade de lamentarmos juntos. Quando memoriais, funerais e celebrações da vida voltaram a ser realizados pessoalmente, muitos que perderam entes queridos durante a pandemia ainda ansiavam por um ritual de despedida. Na coluna de conselhos da revista *Slate*, uma mulher pediu ajuda sobre o luto muito depois da morte do marido, em março de 2020.[26]

Para ser sincera, esperei até ele partir para processar o pesar e a dor acumulados através de rituais "normais" de funeral e luto. Só que isso não foi possível e, não sei explicar o motivo, mas minha mãe e meus irmãos escolheram um obituário de duas frases, que foi tudo o que fizemos para honrá-lo diante da sociedade.

Preciso do ritual de luto, mas não sei o que fazer, não depois de tanto tempo. Não posso ser a única leitora lidando com essa questão — como os outros honraram entes queridos que faleceram? Como se recuperaram?

Esse pedido de ajuda criou uma onda de respostas no Twitter, conforme as pessoas respondiam para descrever como haviam ajustado ou criado rituais durante a covid-19, de modo que atendessem àquelas circunstâncias extraordinárias.[27] Durante três anos, as pessoas se reuniram por Zoom, encontraram maneiras de realizar memoriais apesar do *lockdown* e fizeram carreatas de condolências. É comovente ver como as pessoas se adaptaram para realizar esse profundo e final rito de passagem.

Meu avô morreu em janeiro de 2020 e nenhum funeral foi feito. No ano passado, minha tia planejou um almoço em um dos lugares favoritos dele — toda a família esteve presente e se comportou como se estivesse em um serviço memorial discreto. Compartilhamos lembranças, fizemos discursos, choramos, nos abraçamos.

É junho de 2020. Vamos dar uma festa e espalhar as cinzas dele em um dos seus lugares favoritos.

Sou capelão de hospital. Vejo situações similares com frequência. Não julgo as famílias que escolhem não fazer muita coisa, embora eu concorde com o que a leitora escreveu. Mas devo dizer que não há período certo para um funeral ou serviço memorial.

A "leitora" que escreveu para a coluna, e que afirmou para si mesma que "o luto é uma bagagem", disse: "Eu preciso do luto." Uma das pessoas que responderam garantiu que ela já estava de luto: "Seu pesar foi, é e continuará a ser válido. Não sinta que desperdiçou os últimos anos ou que ficou para trás."

Achei essas respostas profundamente reveladoras, seja pela nossa habilidade de encontrar maneiras de viver o luto usando quaisquer comportamentos ou elementos cênicos que possamos encontrar, seja pela necessidade inata de que esse trabalho seja visível e reconhecido por uma comunidade mais ampla.

Um alerta para lembrar

Os rituais de luto não estão relacionados simplesmente à superação do pesar. Eles também falam da lembrança e da memorialização. E nos dão a oportunidade de focar a atenção compartilhada naqueles que perdemos. O mundo continua girando, mas tomamos a decisão de parar. De nos demorarmos. De lembrarmos. De homenagearmos. Quando funcionam, esses rituais podem ser mágicos. A Dinner Party é uma organização que reúne estranhos que perderam um ente querido para compartilhar o luto durante uma refeição. Um participante escreveu:[28]

> Quando minha mãe morreu, me senti dolorosamente sozinho. Nunca me senti desse jeito antes. Mas, assim que comecei a comparecer aos jantares, um mês e meio depois, a solidão diminuiu. Foi quase como a Dorothy em *O mágico de Oz*: eu estava saindo de um mundo sem cor e retornando a algo mais rico e vibrante.

Mesmo em face das piores perdas, o ritual tem o poder de reanimar e reencantar. A Family Lives On, uma organização sem fins lucrativos dedicada a ajudar crianças que perderam um dos pais, desenvolveu um programa de tradição no qual elas descrevem aquilo que mais gostava de fazer com o pai ou mãe falecidos.[29] Depois, a organização as ajuda a reencenar esse evento todos os anos, em um dia significativo para a família. Esse foi o caso de Matthew, que tinha 4 anos quando a mãe morreu de câncer de pulmão. A instituição ajudou a criar um ritual adequado para ele processar o que estava sentindo: "Aniversários e o Natal eram especiais para ela, que gostava de cozinhar para a família. Durante o último estágio no hospital, Matthew e a mãe decidiram que a tradição seria fazer cookies ou cupcakes todos os anos, para celebrar o aniversário dela e honrar sua memória. Agora, todos os anos, Matthew e o pai fazem e decoram cookies ou cupcakes para celebrá-la."

As pessoas são criativas e — assim como culturas antigas decidiram quais cores usar no luto — escolhem algo do ambiente em que vivem, dotam-no de sentido e o usam em um ritual que pode ajudá-las a encontrar o caminho para a aceitação. Uma mulher que conheci durante minha pesquisa contou que usava hortênsias como memoriais em seu jardim. Cada vez que um amigo ou familiar morre, ela planta uma hortênsia. Ao longo de muitos anos, ela criou um grande memorial e sabe exatamente quais flores representam sua mãe, sua tia, a mãe da melhor amiga e a própria melhor amiga na faculdade. Hoje, ela vai até o jardim e passa a tarde meditando, contemplando as flores ou podando as plantas, e assim se sente conectada à personificação viva de cada mulher importante na vida dela.

Amy Hopkins estava de luto pelos pais quando encontrou conforto e renovação no ritual de mergulhar nas águas geladas da costa do Maine. "Quando seu corpo está naquele estado de lutar ou fugir, é chocante", disse Hopkins ao *New York Times*. "O frio faz tudo se comprimir para se proteger. O sangue flui para os órgãos vitais."

Na intensidade dessa experiência, Hopkins encontrou uma maneira de continuar respirando apesar da dor que sentia. Imersa na água fria, ela só vive o momento presente. Uma inspiração de cada vez, é assim que sobrevivemos ao pesar. Hopkins também encontrou uma comunidade para apoiá-la. Nessas ocasiões — que chamou de "mergulhar para emergir" —, ela submerge nas águas quase congeladas de mãos dadas com os colegas. Então, ainda dentro da água, eles se levantam, ficam de pé e em silêncio durante alguns minutos, se abraçam e retornam ao calor dos casacos, dos chapéus e das botas.[30]

Luto por perdas ambíguas

Rituais como o de Hopkins fornecem encerramento — e a importância dessa sensação não deve ser subestimada. Temos visto as pessoas inventarem rituais de rompimento para poder seguir em frente após relacionamentos terminarem mal, mas são coisas raras. Muitos de nós não possuem recursos para lidar com as mudanças nos nossos relacionamentos e acabam terminando a relação. A sensação de luto que acompanha esse fim — não somente romântico, mas também com familiares e amigos — é uma perda potente quando sabemos que a pessoa está a apenas uma mensagem de distância. Leia qualquer coluna de aconselhamento e encontrará alguém devastado porque um ente querido parou de responder telefonemas e mensagens, sem explicação. Isso se chama *ghosting* ["transformar-se em fantasma"] por uma razão: porque pode nos *assombrar*. Como escreveu uma leitora do *New York Times*:[31]

> Minha irmã mais nova morreu em um acidente de carro há cinquenta anos. Minha filha mais velha se afastou de toda a família há nove anos. De muitas maneiras, a morte da minha irmã foi mais fácil; eu a amava muito, fiquei de luto e aceitei a

perda. Minha filha, minha primogênita, ainda está viva. Todo meu ser está de luto por ela. Sei que nunca aceitarei essa perda.

Realizamos funerais para aqueles que morrem e podemos queimar fotografias após um rompimento, mas precisamos de outras maneiras de encerrar o sofrimento causado por relacionamentos que nos assombram.[32] Os psicólogos têm um nome para esse tipo de situação: *perda ambígua*.[33] A perda é contínua, incerta; ela não é *final* o suficiente para seguirmos adiante. Trata-se de uma sensação que nos invade sem que percebamos e se intensifica, a menos que haja uma ocasião — um ritual — para honrá-la.

O problema afeta milhões de pessoas, em diferentes formas e tons. Por exemplo, parentes de pessoas diagnosticadas com doenças degenerativas como o Alzheimer estão familiarizadas com a sensação de que o ente querido está ao mesmo tempo perdido para sempre e ainda presente. Em um estudo sobre a doença, um entrevistado relatou a dor de compreender isso:[34]

Naquela tarde, o olhar da minha mãe se fixou em mim sem nenhum interesse. Não havia nenhuma felicidade ou conexão. Ela não me reconhecia. Quando tentei abraçá-la, ela se assustou. Nesse momento, não consegui conter as lágrimas; elas escorreram pelo meu rosto. [...] Minha mãe morreu para mim no dia em que deixou de me reconhecer.

Os cuidadores relatam o desejo — que causa muita culpa — de aceitar que o ente querido foi embora, mesmo que ainda esteja presente. Pode parecer inadequado *fazer* algo para marcar essa sensação de partida. O único ritual disseminado que reconhece tal perda é o funeral, que não é adequado porque a pessoa ainda está viva. Em vez disso, para situações de perda ambígua, a abordagem correta é desenvolver os próprios rituais, considerando emoções e situações específicas.

Quando Lesley McCallister perdeu seu primeiro bebê, ainda grávida, com 23 semanas, as pessoas a aconselharam a seguir em frente rapidamente. Em vez disso, ela decidiu honrar a vida que poderia ter existido, mantendo o filho como parte da família enquanto reconhecia aquela perda. Os dois filhos dela mencionam o "irmão mais velho Will que está no céu" nas orações antes de dormir, e a família celebra o aniversário dele em abril com bolo de sorvete, todos os anos. Esses rituais ajudaram Lesley a lidar com a perda; ela diz: "Por mais triste que tenha sido, resultou em algo bom."[35]

O ensaio para a morte

A maior parte dos conselheiros sobre luto e dos mentores espirituais concorda que, somente ao reconhecer a inevitabilidade da morte, é que conquistamos aceitação e paz. Há até um aplicativo, WeCroak, que envia mensagens para o iPhone em momentos aleatórios do dia.[36] Cada uma diz: "Não se esqueça de que vai morrer." Seus equivalentes no século XVII podiam ser os *mementos mori*, que significavam "Lembre-se de que precisa morrer".[37] As pinturas retratavam crânios, velas, frutas e flores. Como o aplicativo na era moderna, elas lembravam que a morte está sempre a caminho, servindo como um ensaio.

Assim que a fotografia foi inventada em meados do século XIX, os enlutados começaram a usá-la para criar *mementos mori* dos entes queridos — a última chance de capturar a imagem do filho ou parente morto antes do enterro. Na Inglaterra vitoriana, o espectro da morte era tão comum — em função de doenças como sarampo, difteria e tuberculose — que a visão de crianças mortas, arrumadas e posicionadas como bonecas não parecia mórbida para ninguém. Com a raridade e o custo de câmeras e filmes, a morte de uma criança era a primeira e a última vez em que a família se reunia para tirar uma foto. É o que muitos rituais de luto fazem, seja em um momento de silêncio, seja em uma elegia, seja durante um funeral irlandês. Preste atenção. Não deixe esse momento passar despercebido.

No fim da vida, o autor do maravilhoso livro infantil *Onde vivem os monstros*, Maurice Sendak, falou abertamente sobre morte e luto: "Eu choro muito porque sinto falta das pessoas. Elas morrem e não posso impedir isso. Elas me abandonam e as amo ainda mais."[38] Nessa fase difícil, descobriu Sendak, também há imenso amor. Os rituais de luto são cruciais para se suportar a dor da perda e manter vivo o afeto.

Parte IV

Rituais no trabalho e no mundo

Capítulo 11
Como encontrar sentido no trabalho
Jogos de confiança e outros rituais de equipe

Quando me pedem para falar sobre rituais, começo indo até a frente da sala ou do palco. Peço que todos se levantem. Sem eu dizer nada, surge o seguinte slide:

> Bata palmas uma vez. Bata o pé direito uma vez. Bata palmas uma vez. Bata o pé esquerdo uma vez.
>
> Bata palmas três vezes. Bata o pé direito três vezes. Bata palmas três vezes. Bata o pé esquerdo três vezes.
>
> Bata palmas cinco vezes. Bata o pé direito cinco vezes. Bata palmas cinco vezes. Bata o pé esquerdo cinco vezes.
>
> Erga a mão direita e, quando eu contar até três, diga "Vamos lá!"
>
> Diga novamente, mais alto.
>
> Diga novamente, ainda mais alto.

A mesma coisa acontece sempre, sem falha — não importa se falo para uma plateia de acadêmicos, estudantes, uma organização, *qualquer* grupo. Primeiro, há um silêncio constrangido. Então, alguém bate palmas primeiro, outros o seguem e poucos batem o pé... e logo todos começam. No momento de bater palmas três vezes, a sala está em sincronia. Mesmo quando há centenas de pessoas na plateia, de alguma maneira, todo mundo bate palmas em uníssono. Então, o ritmo acelera. As palmas e as batidas com os pés ficam mais rápidas. Eu não peço às pessoas que acelerem, elas o fazem espontaneamente — e, de alguma forma, aceleram juntas, de modo que o grupo permanece sincronizado, como se ensaiasse há semanas.

Quando gritam "Vamos lá" pela terceira vez, elas estão experimentando... algo. Não sou líder de um culto, mas, nesse momento, tenho a sensação de que, se eu saísse correndo da sala, elas iriam atrás. Quando o exercício termina, permaneço em silêncio e, lentamente, as pessoas saem do transe: a intensa e coletiva sensação se abranda, e elas começam a olhar ao redor, como se perguntando "O que acabou de acontecer aqui?".

Esse é o poder dos rituais de grupo: eles podem gerar o fenômeno que Émile Durkheim chamou de *efervescência coletiva*.[1] Mesmo uma série de ações aleatórias, realizadas em conjunto, pode transformar um grupo de estranhos em uma unidade significativa. Se saíssemos correndo da sala, nós o faríamos com um propósito compartilhado: teríamos a *intenção* de fazer, seja lá o que fosse.

Criei esse ritual, mas já vi várias vezes essa série de ações básicas se tornar um ritual capaz de transformar um grupo de estranhos em uma palestra aleatória em uma tarde de quarta-feira em um eufórico *nós*.

Sem estranhos no ritual

O ritual é parte central do mecanismo que faz comunidades e culturas funcionarem. Vá além desse estranho experimento em uma sala de conferências e pense em outros rituais de massa. O hino nacional. Arenas esportivas lotadas de fãs usando a mesma camiseta e gritando as mesmas palavras. Cerimônias e símbolos religiosos que permanecem constantes em continentes e séculos. Esses rituais coletivos podem transformar pessoas com diferentes contextos em um grupo. E não somente em um grupo, mas também em algo mais formidável: um povo, uma cultura, uma nação unida pelo senso compartilhado de identidade e pertencimento. "Toda mente é atraída para o mesmo turbilhão, e o indivíduo quase se confunde com a raça", explicou Durkheim, usando o termo *raça* apenas para se referir à afiliação a um grupo.[2] Os rituais podem evocar um senso de comunidade por meio de ações simples e compartilhadas. Essa capacidade de reunião e associação parece uma parte profunda da natureza humana. Para aqueles que experimentaram ou se engajam em tais rituais, esse poderoso senso de comunidade e solidariedade pode ser intensamente significativo.

Tais rituais podem ter custos sociais igualmente poderosos. Eles têm o poder de nos dividir, de nos encorajar a nos identificarmos com algumas comunidades e excluirmos outras. Isso é o ritual em larga escala e no auge de sua abrangência, demonstrando a capacidade de unir e dividir e, em alguns casos, reparar as fraturas sociais que emergem pelo caminho.

As pesquisas mostram que o elo entre ritual e união do grupo surge cedo no desenvolvimento humano.[3] Nicole Wen, Patricia Herrmann e Cristine Legare selecionaram 71 crianças entre 4 e 11 anos em um programa de acompanhamento extracurricular e lhes deram uma pulseirinha — verde, digamos. Três vezes por semana durante duas semanas, elas receberam material para fazer colares com barbantes e contas da mesma cor. Algumas crianças recebiam o material e eram encorajadas a criar colares da maneira que quisessem. Outras participavam de um ritual de criação de colares (conduzido por uma professora vestida com a mesma cor): "Pegue um barbante verde. Agora encoste uma estrela verde na testa. Depois enfie a estrela no barbante. Em seguida, bata palmas três vezes." As crianças repetiam a mesma sequência com círculos e quadrados verdes.

Depois das duas semanas do experimento, as crianças que haviam participado do ritual apresentaram menor probabilidade de trocar sua pulseirinha por uma de cor diferente e maior probabilidade de escolher um chapéu também verde. Além disso, elas não apenas passavam a gostar da cor, como passavam a ver o grupo que a compartilhava como *bom*. Achavam que os novos alunos iriam preferir o grupo verde e demonstraram maior probabilidade de recomendar um aluno desse grupo para ser assistente especial em outro programa extracurricular.

Mesmo bebês de 16 meses podem reconhecer ações ritualísticas e inferir que as pessoas que participam da mesma ação vão se associar.[4] Em um estudo, bebês que viram duas pessoas fazerem a mesma estranha escolha de acender uma luz com a cabeça (quando poderiam ter usado as mãos) criaram a expectativa de que essas duas pessoas se dessem bem.

A relação entre rituais e afiliação a grupos é profunda e *extensa*. Rituais em grupo nos acompanham por toda a vida — em salas de aula, quartéis, estádios e locais de trabalho —, sempre que estranhos se unem para uma causa comum. Olhe para qualquer time vencedor (e, para ser justo, para a maior parte dos times perdedores) e descobrirá que os rituais são como uma cola. O time de rúgbi da Nova Zelândia All Blacks já é conhecido por praticar o *haka* — originalmente um ritual maori —, que incluiu estapear as coxas, bater os pés com força máxima e gritar "Escada acima" e "Até o topo".[5] Se observar qualquer time profissional antes de cada jogo, você verá os jogadores reunidos em um círculo. Por exemplo, Drew Brees, o ex-*quarterback* do time de futebol americano New Orleans Saints, reunia a equipe para um canto ritual antes das partidas.[6] Drew dizia: "Um." O Saints respondia: "Dois." Drew: "Venceremos." Saints: "Por vocês." Drew: "Três." Saints: "Quatro." Drew: "Venceremos." Saints: "De novo!" (O ritual que uso quando dou palestras ecoa deliberadamente esse aqui.)

Nem todo mundo teve a chance de estar ao lado de Drew Brees em dias de jogo. Alguns de nós usa a palavra *time* no escritório. O trabalho é o local mais proeminente no qual o adulto médio experimenta o tipo de ritual em grupo projetado para unir estranhos.

Alguns funcionários do Wal-Mart participam de um ritual no início de cada turno — "Quero um *W*! Quero um *A*! Quero um *L*! Quero um traço! Quero um *M*! Quero um *A*! Quero um *R*! Quero um *T*!", seguido por "De quem é esse Wal-Mart? É o *meu* Wal-Mart".[7] Há ainda uma instrução específica: na hora do "traço", todos os funcionários, sem exceção, devem rebolar. Não admira que as reuniões tenham sido descritas como "duas partes de militarismo e uma parte de coletividade".[8] Seria de se imaginar que, em uma empresa tão grande e otimizada, haveria eficiência constante e nenhum espaço para rituais estranhos. Os executivos, porém, entenderam a importância de construir espírito de equipe.

Quando a Zipcar adotou a estratégia de *mobile-first*, os funcionários receberam marretas para destruir os computadores de mesa.[9] No Google, novos funcionários usam bonés com hélices, nas cores da logomarca. Cada boné traz bordada a palavra NOOGLER ["new googler"]: a alcunha de um novato na tribo.[10] Em uma conferência anual de acionistas realizada pela Starbucks em 2018, os sócios Fabiola Sanchez e Sergio Alvarez organizaram uma degustação de café para os 3 mil participantes, com cuidadosas instruções: cheire o café, aprecie as notas únicas, sorva ruidosamente, deixe que o café cubra toda a língua para atingir todas as papilas gustativas.[11] Por quê? Era um esforço para alinhar os presentes à missão mais ampla da empresa.

Sejamos realistas: algum desses rituais no local de trabalho é efetivo? É raro encontrar um funcionário (vendedor, consultor, representante do serviço ao cliente, *qualquer um*) que acredite em algo imposto pelos gerentes — de cantos matinais a jogos de confiança. Uma rebolada e um traço realmente melhoram a experiência dos funcionários no local de trabalho?

Criar a equipe

O desejo de encontrar sentido e propósito no trabalho é algo muito recente. Esse desejo é parte do que gerou a chamada Grande Demissão (uma tendência econômica que ganhou força no início de 2021, na qual os funcionários se demitiram em massa). Uma pesquisa com mais de 2 mil profissionais nos Estados Unidos revelou que, em média, as pessoas estão dispostas a abrir mão de 23% do salário por um emprego "consistentemente significativo".[12] Também temos maior probabilidade de recusar empregos com salários mais altos se sentimos que o atual é significativo. Como disse um artigo da *Harvard Business Review*, "sentido é o novo dinheiro".[13] A maioria de nós quer se sentir parte de uma *equipe* funcional, em vez de sozinhos, sem apoio e sem nos importarmos. Meus colegas e eu decidimos descobrir se os rituais tinham algo a ver com a maneira como nos sentimos a respeito de empregos e colegas. Eles funcionam, ou o esforço sai pela culatra, resultando em um maciço e coletivo rolar de olhos?

Pense em uma atividade de grupo em seu local de trabalho. Qual é a atividade e o que, exatamente, você e seus colegas fazem? Quando e com que frequência ela ocorre? Como você se sente?

Em uma pesquisa liderada por Tami Kim, fizemos essas e outras perguntas a 275 profissionais, e a variedade de respostas foi reveladora. Muitas pessoas relatam rituais envolvendo almoços ou drinques após o trabalho;[14] festas americanas são comuns, assim como exercícios em grupo. A maior parte dos rituais é particular de um grupo ou de uma organização, como o seguinte:

Todos os dias, minha equipe (quatro membros) e eu pedimos almoço de um restaurante local (fazemos uma rotação de cinco restaurantes por semana, um restaurante por dia). Como há cinco de nós, cada um escolhe um restaurante. Eu sou segunda-feira; T é terça-feira; D, quarta-feira; e assim por diante. Sempre pagamos nossa parte do total. Comemos na sala de reuniões, e é agradável, porque quebra a monotonia ao transformar o horário de almoço em algo empolgante.

Poucas das pessoas que entrevistamos não conseguiram pensar em nenhum ritual, dizendo: "Eu não participo de nenhuma atividade. Faço meu trabalho e vou pra casa."

De modo geral, no entanto, as atividades relatadas tinham elementos comuns. Pode-se dizer que os rituais se repetiam, animando o mundano e o monótono do trabalho — uma experiência descrita com palavras como "empolgante" e "divertida" — e reunindo as pessoas para "compartilhar" e "criar elos". Os rituais permitiam que elas fossem mais que engrenagens em uma máquina, automatizadas para produzir a cada minuto. Em vez disso, se tornaram membros de uma equipe, animadas por um propósito compartilhado.

Também pedimos que todos os participantes avaliassem quão significativa era a atividade coletiva e, de modo mais geral, como se sentiam a respeito do emprego: o trabalho era *significativo*? Duas descobertas surgiram. A primeira é que quanto mais as atividades em grupo eram avaliadas como ritualísticas — tudo, de drinques às sextas-feiras e reuniões ambulantes às segundas-feiras a mentorias durante o almoço e ioga na academia da empresa —, mais sentido os funcionários encontravam nelas. A segunda, e mais importante, é que quanto mais ritualística a atividade, mais sentido os funcionários encontravam no trabalho em si. Aqueles que relataram ausência de ritual não estavam tão emocionalmente engajados quanto aqueles que relataram.

Nossa pesquisa ainda estava aberta a interpretações. As pessoas que gostavam de seus empregos e equipes podiam estar mais propensas a criar rituais. Queríamos avançar nessa questão. Os rituais criam sentido ou refletem um sentido que já existe?

Durante um experimento, pedimos que os grupos colaborassem para criar uma tarefa criativa. Levamos 360 pessoas para nosso laboratório — todas estranhas entre si — e as dividimos em grupos. Dissemos que elas deveriam criar uma tarefa em grupo, trabalhando juntas para gerar o máximo possível de usos para um dado de seis lados.

Entretanto, antes de começar, pedimos que participassem de um ritual, criado por nós mesmos e projetado para ser similar aos que vimos em locais de trabalho, com as seguintes séries de movimentos:

Passo 1: Com a mão esquerda, toque o ombro direito três vezes.

Passo 2: Com a mão direita, toque o ombro esquerdo três vezes.

Passo 3: Dobre os joelhos; bata o pé direito uma vez; bata o pé esquerdo uma vez.

Passo 4: Pegue e amasse o pedaço de papel em branco sobre a mesa. Segure-o na mão esquerda.

Passo 5: Feche a mão esquerda e coloque-a sobre o coração por sete segundos.

Todo mundo realizou esse ritual, com uma diferença crítica: em alguns grupos, os participantes estavam *de frente* uns para os outros, enquanto em outros eles estavam *de costas*. Isso significava que o segundo grupo estava participando de algo mais próximo de um ritual *individual* e o primeiro, de um ritual *coletivo*, experimentando-o *em conjunto* — compartilhando atenção, vendo os outros e analisando suas reações.

Depois dos rituais, os grupos começaram a trabalhar no dado, buscando soluções. Não somente os participantes que ficaram de frente uns para os outros relataram se sentir mais próximos dos colegas, como também declararam ter achado tanto o ritual quanto a tarefa mais significativos. Quando examinamos o desempenho desses grupos, o sentido criado pelo ritual foi transferido para o exercício: exatamente o mesmo "trabalho" começou a ter mais importância. Os participantes de um grupo que completara o ritual coletivo perguntaram se podiam trocar endereços de e-mail, a fim de se reunirem fora do laboratório. Nosso ritual *ad hoc* os havia inspirado a formar elos.

O pesquisador Douglas A. Lepisto queria investigar esse fenômeno — o efeito do ritual na maneira como os funcionários percebem o sentido do próprio trabalho — em uma empresa real.[15] Em 2022, ele publicou os resultados de um estudo de campo de 21 meses em uma empresa de tênis e equipamentos esportivos — chamada de Fitco para preservar o anonimato. Durante o tempo que passou na empresa, acompanhou o novo tipo de exercício oferecido aos funcionários, chamado de Liven. Para participar, os funcionários tinham de caminhar por uma trilha até o edifício reservado exclusivamente para isso. Quando o exercício estava para começar, o volume da música aumentava e o instrutor fazia uma contagem regressiva — "Três, dois, um, zero" —, criando todo um clima. As atividades variavam de sessão para sessão, mas eram sempre *intensas*, e deveriam ser executadas o mais rápido possível, às vezes em somente cinco minutos, forçando os funcionários a darem tudo de si. De modo geral, eles gostavam, tanto que alguns perdiam a voz após a experiência, ao passo que outros só xingavam.

"Liberamos algo poderoso pra caralho e transformador para as pessoas", disse o gerente de comunicações da Fitco a Lepisto. "Ninguém consegue descrever o que significa", acrescentou o diretor de relacionamento com o consumidor. "Todos sabem que a sensação é maravilhosa, todos querem que os outros a sintam, mas ninguém consegue explicá-la."

Um dos gerentes disse: "Acho que a empresa ficou diferente. Não sei. Não consigo explicar, mas [o Liven] deu um propósito à Fitco, e esse propósito foi cumprido não somente em minha vida, mas na vida das pessoas que conheço."

O Liven modificou algo fundamental para os participantes. Era um ritual efetivo em relação ao estado subjetivo das pessoas, que alterou os sentimentos dos funcionários em relação ao emprego, à empresa e ao senso compartilhado de sentido — que enfatizava a ideia de que a empresa "existe para algo maior que tênis e camisetas".

Os jogos de confiança funcionam mesmo?

Nem todo ritual é tão transcendente quanto o Liven. Alguns parecem forçados; outros nos constrangem e nos fazem revirar os olhos ou coisa pior. A Bloomberg News entrevistou Christina Comben, gerente de conteúdo da Day Translations em Valência, na Espanha, que descreveu um desastroso exercício no qual o chefe levou a equipe para jogar paintball.[16] Foi bem ruim. "Eu não sei atirar", argumentou Comben, "e não estava mirando nele, mas senti minha arma sendo puxada para o lado. Quando me dei conta, [meu chefe] estava no chão. O jogo parou, a ambulância veio e as pessoas começaram a falar sobre ruptura do fígado e lesões nos rins." O chefe de Comben ficou bem — mas a carreira dela na empresa, não. "Eu me senti horrível e pedi demissão seis semanas depois."

Desastres à parte, o que os rituais têm em comum e como podemos aprender com eles? Quando um grupo de estranhos se reúne para cantar ou praticar outra atividade, o que os une? Quais elementos criam o desejado senso de propósito e unidade? Meus colegas e eu descobrimos que basta uma surpreendente combinação de elementos para aproximar os grupos. Até os já batidos jogos de confiança podem ser efetivos.

Vamos imaginar um rafting pelo rio Yampa, no Colorado. Quando chegamos, estamos entre estranhos, todos prontos para desafiar as corredeiras — o que não é nada fácil. Todos acordamos ao nascer do sol, usamos o "groover" (um banheiro portátil criado especificamente para rafting) e, no frio matinal, amarramos o equipamento na jangada. Passamos a manhã, o meio-dia e a tarde remando. Quando nós — um coletivo de pessoas solitárias e desconhecidas segurando remos — nos transformamos em uma equipe coesa? Para responder a essa pergunta, os pesquisadores Eric Arnould e Linda Price analisaram como as empresas de rafting empregam rituais para unir os grupos e conquistar os rios.[17]

Os guias levam os clientes até uma rocha que *todos* devem beijar para garantir uma passagem segura por um segmento traiçoeiro do rio. Em outra transição, os grupos criam uma barreira com os próprios corpos para bloquear um riacho. Um participante descreveu que "abraçar e colocar as mãos sobre os ombros de pessoas que, em outras condições, seriam consideradas estranhas foi um maravilhoso momento compartilhado".

Os participantes relataram que a excursão transformou um bando de estranhos em um *grupo*. Uma pessoa, inclusive, sugeriu que eles se reunissem no ano seguinte novamente, embora "todos sejam muito diferentes e venham de diferentes contextos e orientações".

O que torna esse tipo de camaradagem possível? Para começar, como vimos em nosso experimento em laboratório, a sincronia e a atenção compartilhada constroem confiança. Muitos dos rituais de formação de equipes que vimos incluem contato corpóreo e movimento físico. Similarmente ao que descobrimos em relação aos rituais de desempenho, o movimento nos rituais de grupo ajuda as pessoas a pararem de pensar. Além disso, e talvez mais importante, a camaradagem é construída em torno de um novo trabalho identitário. No caso do rafting, todos os participantes abandonaram seus contextos familiares — afiliações e papéis confortáveis — e entraram em uma situação arriscada na qual a sobrevivência requer coesão entre os membros do grupo.

Nesse caso, os participantes estavam dispostos a tentar a maior parte das atividades sugeridas pelos guias. Até os rituais mais detestáveis têm efeito positivo. Às vezes, ser obrigado a participar de um exercício detestável é uma ótima maneira de se aproximar dos colegas.

O exercício seguinte era um jogo de confiança no qual formávamos um círculo e uma pessoa, posicionada no centro da roda, fechava os olhos, enrijecia o corpo e nós a empurrávamos pelo círculo. [...] Foi um ponto de virada em termos de criar proximidade.

Sim, até os mais batidos jogos de confiança podem funcionar positivamente sobre nós. No local de trabalho, os rituais podem funcionar a favor da empresa, por uma razão um tanto furtiva. Os funcionários reclamam uns com os outros, transformando-se em uma *equipe*. Vários colaboradores revirando os olhos juntos durante um ritual imposto pelo chefe é um comportamento sincronizado de um grupo efetivo.

Assim como as danças da chuva reúnem a comunidade em momentos de crise, os rituais em equipe podem criar uma sensação de camaradagem — mesmo que, às vezes, à custa do chefe. Eles — os que criamos e os que nos são impostos — podem dotar os dias de trabalho e o próprio trabalho de mais sentido e propósito. Algumas empresas também permitem que rituais individuais aconteçam dentro da organização. Do ponto de vista de grupo, um exemplo é uma reunião matinal que acomode todo mundo; e da perspectiva dos indivíduos, pode ser preparar uma xícara de café fazendo palavras cruzadas, uma volta pelo escritório para ver quem já chegou, o mesmo transporte às 7h15 todos os dias e o toque da sorte no logo da empresa ao chegar. Cada um deles é importante para a equipe como um todo.

Por que a maioria de nós odeia *open space*

Interferir excessivamente pode ser prejudicial para os funcionários — e para a formação bem-sucedida de elos entre a equipe. A melhor prova disso é a raiva que acompanha qualquer mudança para o *open space*. Uma manchete do *Guardian* proclamava: "Escritórios *open space* foram projetados pelo diabo nas profundezas do inferno."[18] Farhad Manjoo, escrevendo sobre escritórios como WeWork, comentou: "A existência deles é um sinal de que não temos uma boa maneira, na vida moderna, de valorizar e proteger espaços privados e livres de distração."[19] Quer estejamos nos alongando, cantarolando, batendo o pé ou respirando fundo, essa falta de privacidade pode perturbar o que fazemos para facilitar nossos dias no trabalho. Segundo uma manchete do *Onion*, "funcionário do varejo bebe refrigerante em um canto silencioso e não se matou".[20]

Para as corporações, o *open space* está relacionado à economia: trata-se de um uso mais efetivo do espaço. No entanto, ele é apresentado aos funcionários como plano para incentivar conversas casuais e espontâneas que fortalecem uma equipe. Só que acontece o efeito oposto: em vez de *aumentar* a comunicação entre os funcionários, ele a *diminui*. Ethan Bernstein e Ben Waber acompanharam as interações entre colaboradores na sede de duas empresas da Fortune 500 antes e depois de o *open space* ser implementado — houve uma queda de 70%.[21] Bernstein se perguntou se pequenas intervenções na privacidade poderiam trazer grandes efeitos. Ele tinha trabalhado com gerentes em uma fábrica na China para estudar o resultado de abrir menos as cortinas nos postos de trabalho e, assim, criar espaços privados para alguns funcionários. Após pendurar uma cortina de teste, ouviu um funcionário reagir: "Eu queria que eles colocassem cortinas em toda a linha de produção. Seríamos muito mais produtivos." Então, cortinas foram instaladas para dividir o espaço da fábrica em unidades menores. A intervenção levou a um aumento de produtividade entre 10% e 15% nos meses seguintes.[22]

Levar o trabalho para casa

Uma possível solução para a violação do espaço e da privacidade individuais causada pelo *open space* é a tendência que disparou durante a pandemia: trabalhar em casa. Essa solução, no entanto, apresenta um conjunto próprio de desafios. Milhões de profissionais e estudantes trabalharam em salas de estar, tornando-se difícil passar de "indivíduo" para "profissional" no início do dia e fazer o inverso no fim da tarde. Deslocamentos, cubículos e códigos de vestimenta — apesar de todas as dores de cabeça que causavam — simplificavam a alternância entre os papéis da vida diária. Sem eles, muitos profissionais acharam difícil equilibrar as prioridades.

Quando a colunista Nellie Bowles começou a trabalhar em casa, fez tudo que pôde para manter vivo o ritual do dia de trabalho.[23]

Eu amo um ritual. Todos os dias, me visto, calço os sapatos, faço café, sirvo uma xícara e digo a meus dois colegas de apartamento que estou indo para o trabalho e nos veremos mais tarde. Então, caminho em círculos por algum tempo e me sento à mesa no canto da sala de estar, a alguns metros de distância. É assim que minha mente sonolenta percebe que o dia de trabalho começou.

Em Toronto, Kyle Ashley desenvolveu um ritual similar. Ele ia de bicicleta para o trabalho todas as manhãs, até que começou o *home office*. Então, percebeu que algo estava faltando e teve uma epifania: "Certa manhã, acordei e disse que algo precisava mudar."[24] Ele começou a usar a bicicleta para ir do quarto até a sala de estar, um deslocamento de menos de três metros.

Ao retornarem para o trabalho presencial, as pessoas enfrentaram outro problema. Como levar os rituais desenvolvidos na privacidade de suas casas para o escritório *open space*?

Comecei o *home office* em março de 2020. Iniciava o dia calçando meus chinelos japoneses. Era muito reconfortante. Agora que voltei ao escritório na maior parte dos dias, comprei um novo par on-line, que mantenho sob a mesa e calço assim que chego. No começo, tentei escondê-los, mas já sei que ninguém liga. Todo mundo trouxe algo de casa.

Conforme as empresas tentam incluir mais rituais no cotidiano, o número de consultores espirituais e designers de rituais aumenta. Muitos encontram novas maneiras de combinar a linguagem do sagrado e a coesão social oferecidas pelas comunidades religiosas com os editos de uma cultura de gestão do século XXI, em uma espécie de McKinsey com velas. O fato de esses consultores existirem comprova a relevância dos rituais nas culturas corporativas de hoje, mas o tempo dirá se eles são vantajosos, tanto para empregados quanto para empregadores.

Deixar o trabalho para trás

A vertiginosa variedade de mudanças na vida profissional nos últimos anos fez com que muitos de nós tivéssemos dificuldade para equilibrar identidade individual e identidade profissional ao trabalhar em casa, no escritório e em espaços intermediários. Por isso, as transições ritualizadas ao fim do dia são ainda mais importantes. O que podemos fazer para deixar o trabalho para trás, emocionalmente falando? Sair do apartamento, desligar o laptop ou fechar a porta do local onde fazemos *home office*?

Se você ainda está em casa, pode criar rotinas e reservar áreas da casa e objetos — como canecas, canetas ou laptop — para usar *somente* no trabalho. Fazer isso nos prepara para começar a trabalhar e estabelecer limites quando é hora de parar.

Se você está saindo do escritório, é importante encontrar maneiras de marcar o fim do dia. Isso pode ser tão simples quanto uma caminhada até em casa, lavar o rosto antes de sair ou ouvir alguns minutos de música clássica no trajeto. Sem uma transição ritualizada — uma maneira de deixarmos os estressores no escritório —, ficamos vulneráveis ao *burnout* e ao estresse.

Em uma pesquisa liderada por Ben Rogers, meus colegas e eu exploramos os rituais no fim do dia de quase trezentas enfermeiras na

Carolina do Norte — a maioria experimenta um ambiente agitado e estressante quase diariamente.[25] Descobrimos que muitas realizam rituais únicos. Uma enfermeira relatou:

Depois de bater o ponto, eu retiro meu crachá e o coloco na bolsa do trabalho. Ao fazer isso, digo a mim mesma "Terminei" e penso que não sou mais responsável pelos meus pacientes naquele dia.

Outra enfermeira transformou o banho em um ritual complexo, incluindo detalhes específicos:

Eu chego em casa e pego uma cerveja antes de entrar no chuveiro. Nosso aquecedor é velho, então só tenho sete minutos de água quente. Faço minha higiene e começo a me alongar. Cada movimento leva trinta segundos, então tomo um gole de cerveja. Repito isso até não ter mais água quente.

De modo revelador, as palavras mais comuns que as enfermeiras usaram para descrever o propósito e o efeito de seus rituais foram "relaxar" e "descontrair". Isso é algo de que todos precisamos — até rituais simples e repetidos todos os dias podem ajudar a se afastar de seu *self* profissional ao fim do dia e retornar a seu *self* real.

Mesmo que horas de rituais feitos diariamente sejam excelentes para o bem-estar, quem tem tempo para isso? O website satírico ClickHole ironizou o fato de sempre surgirem novas maneiras de dizer às pessoas o que *mais* elas precisam fazer para melhorar a vida: "Por que não está fazendo isso? 41 coisas que você precisa fazer todos os dias para evitar o *burnout*."[26]

Reconhecer e honrar rituais no trabalho exige pouquíssimo tempo — você já os está realizando, afinal. O ponto não é acrescentar 41 novos rituais à vida, mas encontrar aqueles que sejam certos para você. Algumas vezes, isso significa fazer pequenas mudanças em rituais que você já realiza. Em outras, pode significar começar do zero.

Capítulo 12

Como dividir

Quando os rituais geram tensões e problemas

"Eu sinto muito ódio pelas coisas que você escolheu ser."
— Michael Scott para Toby Flenderson, na série *The Office*

Durante meio século, da década de 1950 à de 2000, Esther Pauline Lederer foi a principal colunista de aconselhamento dos Estados Unidos. Sob o pseudônimo Ann Landers, ela analisou incontáveis fontes de atrito entre parentes, amigos e casais. Sua sabedoria era distribuída pelo país, e os leitores diários quase sempre concordavam com o que ela dizia. Mas em 1977 ela deu uma opinião que fez os fãs amassarem os jornais de tanto ultraje. Qual era o assunto? Um item quase nunca considerado em todas as residências: o papel higiênico.

Em uma coluna até então inofensiva, Lederer declarou que preferia pendurar o papel higiênico com a ponta solta para baixo, em vez de passando por cima do rolo. Ela não sabia, mas aquele se tornaria um de seus artigos mais polêmicos. Mais de 15 mil cartas expressaram fortes opiniões e até declarado rancor pela questão. Muitas pessoas admitiram que esse era um tópico que causava acalorados debates — em uma pesquisa com mil participantes, 40% declararam que a orientação do papel higiênico era fonte de discussões familiares. O debate estava longe de terminar, estendendo-se até os limites mais distantes da habitação humana: pesquisadores na Estação de Pesquisa Amundsen-Scott, no polo Sul, relataram conflitos frequentes relacionados à mesma questão.[1] Lederer nunca mais escapou da "problemática do papel higiênico",[2] que voltou a ser assunto em várias cartas e colunas por décadas, até a morte dela, em 2002.

Mas por que algo tão inofensivo seria tão controverso?

Todos os maneirismos, sotaques e bandeiras de diferentes grupos permitem que declaremos ao mundo "Sou membro dessa tribo". Esse ampliado senso de identidade e posse é uma faca de dois gumes. Se sentimos que nosso grupo é bom, não é necessário muito para considerarmos más as pessoas que estão fora dele. Será que nosso compromisso com a exatidão, sem desvios, de nossos rituais faz com que afastemos outras pessoas? O ritual pode acelerar nossa habilidade de criar laços com o grupo, mas também pode acelerar a divisão, a desconfiança e o revanchismo entre grupos diferentes.

Conflitos perto e longe de casa, em nossa mesa de jantar e no palco internacional, surgem por causa das menores "violações" de rituais. Em setembro de 1922, Nova York foi tomada por oito dias de tumultos, ferimentos e prisões. A causa? Os homens que continuavam a usar chapéus de palha após a data limite (e tradicional) de 15 de setembro (quando deviam mudar para chapéus de feltro ou seda). No caos que se seguiu, "gangues de adolescentes tomaram as ruas. Eles andavam com grande porretes, às vezes com um prego na ponta, à procura de pedestres com chapéus de palha, espancando os que se recusavam a tirá-los". Entre as prisões resultantes, certo A. Silverman foi sentenciado a três dias de prisão pelo juiz Peter Hatting.[3]

Parece absurdo o conflito que se seguiu por conta de um costume que antes indicava estabilidade e tradição, ordem social e uma estrutura na qual papel e identidade dos indivíduos eram evidentes. Quando o senso de ordem social foi perturbado, alguém acordou em 16 de setembro de 1922 gritando: "Isso não está certo! Algo precisa ser feito!" E um tumulto nasceu.

Você pode achar que é imune: "Eu não ficaria agitado por algo tão insignificante." É por isso que, quando faço uma palestra, sempre pergunto: "Seu parceiro enche a lavadora de louças da maneira correta?" A resposta é sempre audível. Um número espantoso de pessoas acredita que o parceiro não enche a máquina de forma eficiente e segura — o que envia um sinal de baixa capacidade de julgamento e moralidade questionável: "Como assim as tigelas na prateleira de cima?" Pior ainda, esses sentimentos são mútuos e espelhados: "Tigelas na prateleira de baixo? Quem faz isso?" Muitas lavadoras vêm com manual, explicando o melhor jeito de posicionar a louça em cada modelo. Mas, como não são lidos, as pessoas (em ambos os grupos) enchem a lavadora da maneira *errada*. Isso não nos impede de acreditar que só a nossa maneira está certa e a dos outros, errada. O que cria uma receita perfeita para o conflito.

As mesmas práticas que têm o poder de nos unir podem nos separar. Para manter a paz — na sociedade e em casa —, é crítico entender quando e por que o ritual se torna perigoso e como podemos manter os elos criados por eles sem sermos capturados pelo seu lado mais sinistro.

Rituais e (des)confiança

Quando peço às plateias para experimentarem a atividade "Bata palmas uma vez, bata o pé direito", costuma ocorrer algo interessante. Quando as ações começam a se sincronizar, as pessoas sorriem — mas, quando alguém bate palmas na hora *errada*, os sorrisos se transformam em caretas. Quando pergunto qual é o problema, respondem: "Eles estão fazendo errado." Ou seja, consideram haver um jeito certo para o ritual fabricado que nunca viram antes: bater palmas.

Eu gostaria de pensar que diferenças triviais em rituais não mudam muito a maneira como nos sentimos em relação aos outros. A realidade, porém, é mais confusa. Pequenas dissonâncias podem ser *os* marcadores-chave dos limites grupais que consideramos importantes. Em uma pesquisa liderada por Nick Hobson, nossa equipe convidou 107 pessoas para um estudo cuja intenção era distribuí-las em grupos arbitrários e descobrir se pequenas diferenças afetariam o nível de confiança — ou de desconfiança — entre elas.[4]

As pessoas foram divididas usando um "paradigma do grupo mínimo"[5] — ou o elemento mais básico de distinção —, no qual elas tinham de estimar quantos pontos minúsculos havia em uma tela. Isso nos permitiu designá-las a dois grupos: o dos que haviam superestimado e o dos que haviam subestimado o número de pontos. Essa é uma distinção absolutamente insignificante — uma cultura de pontos demais *versus* uma cultura de pontos de menos —, mas nos perguntamos se poderíamos reforçar essas identidades com um ritual.

Assim, as pessoas realizaram a mesma sequência de ações todos os dias, durante uma semana.

Para começar, respire fundo cinco vezes e foque na sequência a seguir. Incline um pouco a cabeça, feche os olhos e afaste as mãos em um movimento de varredura. Termine com os braços ao lado do corpo.

Terminava com:

Una as mãos atrás do corpo. Incline um pouco a cintura e complete o seguinte movimento cinco vezes: abaixe os braços.

Curve a cabeça, feche os olhos e faça o movimento de varredura. Termine com os braços ao lado do corpo. Respire fundo cinco vezes. Você terminou.

Ao fim da semana, todo mundo foi até o laboratório e participou do jogo da confiança, uma experiência que usa dinheiro real para mensurar a confiança entre os participantes. Algumas pessoas jogaram com alguém do próprio grupo e outras, com alguém do *outro* grupo.

O ritual foi suficiente para fazer com que as pessoas confiassem e recompensassem "os seus" — imbuindo de mais sentido a arbitrária identidade de grupo —, além de desconfiarem e penalizarem os "outros". Os que subestimaram a quantidade de pontinhos na tela alocaram mais dinheiro para os colegas que também subestimaram (6,30 de 10 dólares) do que para quem superestimou (5,29). Um grupo diferente também participou do jogo da confiança, mas sem ter participado do ritual. O resultado? As pessoas confiaram igualmente em participantes de ambos os grupos.[6]

Em um experimento similar, pedimos que as pessoas observassem outras pessoas participando do jogo da confiança e usamos eletroencefalograma (ECG) contínuo para analisar a atividade cerebral. Nosso foco era um padrão cerebral específico — o feedback P300[7] — que registra os pensamentos das pessoas sobre recompensa e punição. Quem havia participado do ritual exibiu mais processamento positivo quando observou membros que eram do próprio grupo e mais processamento negativo ao observar aqueles que não eram. Elas gostavam mais do próprio grupo e estavam dispostas a punir o outro.

Rituais em grupo constroem confiança entre seus membros, mas também desconfiança em relação a outros grupos. É quase como se o ritual fizesse com que os participantes se unissem e concluíssem: "Sei em quem posso confiar, e não é no outro grupo."

Seria possível determinar quais aspectos do ritual levam a esse senso dual de confiança e desconfiança? Para isso, desenvolvemos uma variação do mesmo experimento com rituais diferentes: um exigindo mais envolvimento e esforço, o outro sendo mais fácil e rápido. Dada a pesquisa sobre o papel do esforço no efeito Ikea — que demonstrou que, quando trabalhamos por algo, valorizamos mais o resultado —, teorizamos que o esforço poderia afetar a intensidade da nossa tendência punitiva em relação às pessoas que praticam o ritual errado.

Sem dúvida, o esforço é um componente de muitos rituais. Pesquisadores analisaram os participantes de dois rituais religiosos durante o festival hindu do Thaipusam. Um era de *baixo esforço* (cantos e preces coletivas) e o outro de *alto esforço* (perfurar o corpo com várias agulhas e carregar pesados sacrários nos ombros). Após os rituais, os pesquisadores mensuraram a devoção das pessoas pedindo que doassem dinheiro ao templo. O ritual de alto esforço levou a mais doações (132 rúpias) que o ritual de baixo esforço (80 rúpias). A dor que as pessoas haviam experimentado estava relacionada a quanto doavam: mais dor, maior doação, maior lealdade ao grupo.[8]

Não podíamos ir a tais extremos em nossa pesquisa, mas criamos um experimento para mensurar os efeitos do esforço. Um grupo teve de realizar um ritual de baixo esforço (menos ações e repetições) e o outro um ritual de alto esforço (mais ações e repetições). Depois pedimos que todos participassem do jogo da confiança duas vezes: uma vez com um membro do próprio grupo, outra com um membro do outro grupo. Quem havia participado do ritual de baixo esforço favoreceu um pouco o membro do próprio grupo, dando-lhe em média 31 centavos a mais que ao membro do outro grupo. No caso daqueles que haviam participado do ritual de alto esforço, a distância entre "nós somos bons" e "eles são maus" mais que dobrou, indo para 72 centavos.

O que comemos

Quando peço às plateias para executarem um ritual, sempre prevejo uma das reações com precisão. Uma pessoa, preocupada em parecer mais esperta que as outras (geralmente um homem), recusa-se a participar. (Ele também se recusa a erguer a mão quando faço perguntas do tipo "Quantas pessoas pensam A?" ou "Quantas pessoas pensam B?", mas, quando pergunto "Quantas pessoas se recusam a erguer a mão?", ergue a dele.) Do mesmo modo, a plateia reserva um desdém especial pela pessoa que opta por não participar. Porque, no caso do ritual, não há observadores. Ou você pratica o ritual e é um de nós — ou você está errado.

Quando imbuímos nossos rituais de profundo significado — quando eles se tornam sacrossantos —, afastar-se do caminho é uma violação que deve ter consequências. Uma evidente desconfiança se manifesta quando outros grupos têm rituais que conflitam com os nossos. Um segundo tipo de inimizade é uma imagem espelhada desse conflito: ódio não pelos *outros* grupos, mas pelas pessoas do *nosso* grupo que praticam o *nosso* ritual de forma errada. Isso se chama *efeito ovelha desgarrada*.[9] Quando as pessoas do nosso grupo se comportam mal, somos mais duros com elas do que com membros de outros grupos. Você ficaria mais zangada com a sua irmã ou com uma colega eventual por não comparecer ao seu casamento, ou mais zangada com a sua melhor amiga do que com uma estranha por sair com seu ex? E quanto ao seu melhor amigo, fã leal do Knicks desde a infância e que começa a torcer pelo Celtics após a faculdade? Nós esperamos mais dessas pessoas — esperamos poder confiar nelas.

Sempre que compareço a um serviço religioso de uma fé diferente da minha, sou surpreendido pela maneira como comparo os rituais *deles* com os *meus*, procurando similaridades e notando diferenças: nós ficamos em pé durante essa parte, eles apertam as mãos naquela outra; nós dizemos essa frase de outra maneira. Em um projeto liderado por Dan Stein, então aluno de doutorado em Berkeley, na Califórnia, meus colegas e eu investigamos as reações a violações dos rituais em grupo.[10] Quanto de um ritual você pode alterar e aperfeiçoar antes de gerar ultraje? Se fizermos uma modificação e depois outra, quando é que nosso detector de violação começa a disparar? O que somos capazes de aceitar, e quando o alarme começa a soar?

Para descobrir, pedimos que alguns dos entrevistados judeus considerassem o seguinte cenário:

Imagine que você se mudou para uma área e se uniu a uma nova congregação. O templo realiza vários *seders* na casa de diferentes membros. Você se voluntaria e é convidado para o *seder* do *Pessach*. Quando chega, é saudado pelo anfitrião, que conduzirá a cerimônia. Ele o leva até à mesa.

Perguntamos aos participantes como eles se sentiriam se o anfitrião informasse que haveria mudanças no *seder*. Começando com uma coisinha, depois duas, três... Nós avisamos o que seria substituído. O ovo (*beitzah*), por exemplo, seria substituído por queijo, e o osso de cordeiro (*zeroa*), por um osso de galinha.

Questionamos sobre os níveis de raiva com as mudanças e os sentimentos sobre a (i)moralidade do anfitrião. As pessoas no grupo de controle imaginaram um *seder* em que o anfitrião não tivesse feito nenhuma mudança.

Nossa previsão era uma tendência linear: cada item alterado tornava o julgamento mais negativo. Se os rituais são sacrossantos — se o grupo não ousa interferir com a tradição —, então uma única mudança pode ser suficiente para gerar raiva e ultraje moral comparáveis aos que seriam sentidos se toda a cerimônia fosse alterada. Nossos resultados apoiaram isso: o maior pico de raiva e senso de imoralidade ocorre na primeira modificação, mesmo que seja uma única substituição. Depois disso, as mudanças adicionais têm somente um efeito leve. Elas produzem reações negativas, só que o maior dano é feito pela mudança inicial

Essas duras reações não são específicas do judaísmo. Em outro experimento, pedimos que católicos assistissem a vídeos de pessoas fazendo o sinal da cruz. Alguns vídeos as mostravam agindo corretamente: usando a mão direita para tocar (1) a testa, (2) o peito, (3) o ombro esquerdo e (4) o ombro direito. Outros vídeos mostravam pessoas que omitiam alguns desses passos. Então pedimos que os católicos imaginassem estar no comitê da igreja, planejando um grande evento e precisando alocar tarefas desagradáveis para membros da congregação — incluindo limpar banheiros. Os que haviam testemunhado os erros exibiram maior tendência de designar os infratores para a tarefa da latrina.

Essas descobertas também oferecem conselhos práticos. Quando criamos rituais privados, as mudanças afetam apenas a nós mesmos. Entretanto, ao alterar rituais estimados por outros, entramos em águas muito mais turbulentas. Se as pessoas consideram alterar ou abandonar um ritual, elas pensam em modificar apenas aspectos menores a fim de apaziguar os mais zelosos. "Só vamos ter pernil em vez do peru da vovó este ano", você pode pensar. Mas essa mudança pode provocar tanta revolta quanto uma transformação radical.

Pode haver uma estratégia diferente e mais ousada. Se a alteração de rituais *existentes* nos deixa zangados, pode ser melhor começar do zero, com um ritual novinho em folha. Se os feriados sem os filhos já não são os mesmos, não mantenha rituais que você apreciava quando eles estavam em casa. Comece um novo. Talvez esteja na hora de sair da cidade ou celebrar as festas em algum lugar diferente.

Os elementos do ódio

As evidências mostram que, apesar de serem algo que pode nos unir, os rituais também podem se tornar pontos de conflito. Que elementos nos tornam mais propensos a transformar nossos rituais em motivos de desavença? Dois fatores se destacam: ameaça e crença.

Quando outros grupos questionam ou ameaçam nossas crenças e costumes, tendemos a reagir com dureza,[11] como se estivessem tentando restringir a expressão da nossa identidade como grupo. Vemos ecos desse sentimento em expressões como "a guerra contra o Natal".[12] Nesse caso, alguns cristãos sentem que seu modo de vida e seus rituais estão sob ameaça — tanto que a aparentemente inofensiva mudança de "Feliz Natal" para "boas festas" gera raiva e ultraje, uma mentalidade de nós *versus* eles. Um ponto de vista alternativo é que outros grupos possuem rituais de fim de ano diferentes, e a expressão "boas festas" é mais inclusiva e abrangente. Ameaça e crença estão ligadas: aquilo em que acreditamos faz com que nos sintamos ameaçados, e nos sentirmos ameaçados faz com que tenhamos ainda mais certeza de que nossas crenças estão corretas.

Lembra o conflito do chapéu em 1922? A raiva naquele dia era inegável, mas qual era a ameaça? Se você parar e pensar bem, não havia nenhuma. Os rituais causam um efeito que pode distorcer nossa mente, porque eles nos aproximam — nos tornam quem somos —, mas os elos que criam podem ser exclusivos e custosos. Quando perdem seu significado e se tornam apenas algo que deve ser feito, podem deixar de produzir efeitos positivos e gerar desconfiança, aversão e desejo de punir quem realiza rituais conflitantes. Se exigimos que outros adotem nossos rituais — ou ignoramos que possuam os seus próprios —, isso inevitavelmente leva ao conflito. Às vezes, pode ser algo banal — sobre papel higiênico e lavadoras de louça —, mas também pode gerar devastação. Séculos de conflito resultaram do ódio de diferentes grupos religiosos. A guerra dos Trinta Anos foi, em sua essência, um conflito sobre ritual — sobre se ingerir uma hóstia e tomar um gole de vinho na igreja corresponde realmente a ingerir o corpo de Cristo ou se é apenas uma metáfora. Os católicos diziam que era real; já os protestantes, que era metafórico. Foi assim que a Europa permaneceu em guerra por três décadas.[13]

Desfazendo o ódio

Possuímos um mecanismo para conter a raiva contra *os outros*: somos membros de muitos grupos, então "*os outros*" é algo que está em constante fluxo. Pense em um democrata e um republicano e nas diferenças entre eles: acreditam em coisas diferentes e realizam rituais diferentes (NPR *versus* Fox News pela manhã). Mas, quando estão em um jogo de beisebol, torcendo pelo mesmo time, não param para considerar históricos de votação antes de comemorar um *strike*. As pesquisas mostram que esse tipo de afiliação transversal tem o potencial de amenizar diferenças aparentemente irreconciliáveis.[14] Em um estudo com mais de 28 mil entrevistados em 18 países subsaarianos, a vitória da seleção nacional em uma competição de futebol fez com que as pessoas tendessem a se identificar menos pela etnia e mais pela nacionalidade. O efeito era o mesmo quando a diversidade étnica da seleção representava mais fielmente a mesma diversidade do país como um todo.[15] É como se as pessoas dissessem a si mesmas: "Se eles podem se entender bem o bastante para ser um time efetivo, talvez eu também possa."

Em 2019, o apresentador de rádio Jad Abumrad apresentou o podcast *Dolly Parton's America*.[16] A premissa era de que, em um momento de política e cultura intensamente polarizadas, havia alguém sobre quem quase todo mundo podia concordar: Dolly Parton. Ao mudar a estrutura identitária para "fãs de Dolly Parton", segundo Abumrad, temos a oportunidade de compartilhar mais da mesma cola socialmente coesiva. E, talvez, uma chance de ouvir mais atentamente às queixas uns dos outros.

Os rituais servem como essa cola social que dá coerência a nossas identidades grupais, para o melhor *e* para o pior. A boa notícia é que essas identidades podem ser modeladas e modificadas para incluir uma variedade mais ampla de pessoas e práticas. Quando ampliamos a tribo — modificando a estrutura de identidades polarizantes em torno de política para identidades em torno de esportes, música e outros aspectos da cultura, por exemplo —, temos a oportunidade de desarmar conflitos, trabalhar na direção da mudança produtiva e ampliar a experiência de pertencimento de todos.

Capítulo 13

Como curar

Rituais e reconciliação

Os comissários entram no salão em procissão, a qual cria um espaço sagrado para as vítimas. Esse lugar sagrado contém marcadores de reverência, como a Vela, a Litania para os Mortos e o Silêncio da Lembrança. As vítimas são conduzidas até seus assentos. Enquanto elas permanecem em pé diante deles, o presidente e toda a comissão se aproximam e as saúdam. Agradecem por elas comparecerem e trocam apertos de mão. Com todos ainda em pé, a Vela é acesa pelo presidente, e os nomes das vítimas e dos mortos são lidos. A isso se segue um momento de silêncio. A audiência é iniciada com as escrituras, uma prece, uma canção ou um momento para orações silenciosas.[1]

A cerimônia descrita acima marcou o início das audiências da Comissão da Verdade e Reconciliação na África do Sul, como parte dos esforços do país para superar a dilacerante história do apartheid. A jornalista Antjie Krog chamou os procedimentos de esforço para criar um novo "ritual nacional". A leitura dos nomes é uma maneira de o governo reconhecer os danos causados de forma sistemática e brutal, na época da segregação racial, com a imposição da ideologia da supremacia branca durante décadas. Somente depois de uma luta penosa e prolongada, os ativistas liderados por Nelson Mandela e outros foram capazes de pôr fim ao regime. Mas e então? Como uma nação se cura quando sangue e lágrimas foram derramados?

A Comissão da Verdade e da Reconciliação decidiu que precisava de um ritual que pudesse ao menos servir como reinício simbólico e demonstração de civilidade após tanto conflito. Os procedimentos são formais e quase dramáticos, mas foram projetados para *mostrar* que paz e entendimento são possíveis. O bispo Joseph Humper, presidente da Comissão da Verdade e Reconciliação de Serra Leoa, deixou claro que o ritual nacional precisava marcar não somente um novo início, mas também a memória e a revelação da verdade. Entendimento e memória são pontos críticos para a reconciliação. Alguns criticaram o foco na memória, preferindo a ideia de "perdoar e esquecer". Sobre isso, o bispo Humper perguntou: "Por que vir até aqui e reabrir as feridas? Por que vir até aqui e lembrar o passado? Temos de reabrir as feridas porque elas não cicatrizaram. A cura superficial permitirá que elas voltem a explodir. Temos de revisitar os eventos a fim de nos cicatrizarmos adequadamente."[2]

A cura, em outras palavras, só ocorre quando as desculpas são precedidas pelo entendimento.

Prontos para as desculpas

O que fazemos quando estragamos as coisas — erramos ou magoamos um amigo? Qualquer pessoa que já viu duas crianças brigando sabe a resposta. Primeiro e antes de tudo, é necessário pedir desculpas. As desculpas são uma solução para partes em conflito.

Só que elas são muito mais complicadas do que se imagina. Apenas dizer "sinto muito" não basta. Ao contrário, os pedidos mais efetivos assumem a ordem e os padrões de um ritual. Em uma resolução de disputas entre vizinhos têm-se nada menos que dez elementos: pedir desculpas (o que a maioria de nós faz); nomear a ofensa; assumir a responsabilidade; tentar explicar a ofensa; expressar emoções; reconhecer as emoções e/ ou danos sofridos pelo outro; admitir o erro; prometer autocontrole; oferecer reparação; pedir que a outra parte aceite as desculpas.³ Começar com "Sinto muito por você sofrer por minhas ações" falha em assumir a responsabilidade e admitir o erro. Isso não é admitir que se comportou mal, e sim uma implicação de que a pessoa ofendida está exagerando.

Essa distinção está relacionada a um dos aspectos centrais do pedido de desculpas bem-sucedido: a sensação de que a outra pessoa o entende e entende por que você está magoado. Os especialistas em resolução de conflitos usam a palavra *prontidão*⁴ para descrever quão pronto alguém está para o pedido de desculpas — para estarmos prontos, precisamos sentir que a outra pessoa entende o dano que causou. Em um estudo, foi pedido aos entrevistados que pensassem nas ocasiões em que se sentiram prejudicados, e o resultado destacou que a parte ofensora, antes de se desculpar, precisava atender a outras necessidades, como "perguntar para entender o que eu estava dizendo" e "entender meus sentimentos e meu ponto de vista". O pedido de desculpas preventivo, infelizmente, é muito comum, tanto na vida real quanto na cultura pop. Quando se negaram a assumir a responsabilidade, dois pais muito diferentes em séries de TV ouviram a mesma resposta — Tony Soprano ouviu "Você não sabe pelo que está se desculpando" e Homer Simpson ouviu "Você nem mesmo sabe pelo que está se desculpando". Entender é tão importante que, quando as pessoas se desculpam antes disso, o pedido se torna tão ineficaz quanto jamais se desculpar.⁵

Um pedido de desculpas bem-feito pode nos levar à reconciliação, mas é só o primeiro passo. Deve ser por isso que tantas culturas adotam a ação como trampolim para a reconciliação. Se uma única ação se torna sinônimo de entendimento e boa vontade, torna-se sinônimo de um aperto de mãos. O simples gesto de se desculpar c apertar as mãos do outro, com sinceridade, diz mais que palavras.

O aperto de mãos, aliás, é um dos rituais mais disseminados — breve, mas psicologicamente potente —, em domínios que vão de ser apresentado aos sogros e demonstrar espírito esportivo durante jogos a iniciar e encerrar negociações. A política internacional dá muita atenção a esse gesto, ainda mais durante violações ocasionais da etiqueta. Em 2005, George W. Bush, sem saber, insultou oficiais eslovacos ao não retirar a luva antes de apertar suas mãos; em 2013, a recusa de Hassan Rouhani de apertar a mão de Barack Obama foi considerada algo "histórico" que "prejudicou irreparavelmente as negociações".[6] Em contrapartida, seguir o protocolo é visto como evidência de harmonia. Em 2014, Shinzo Abe, do Japão, e Xi Jinping, da China, concordaram em se reunir para um único propósito — apertar as mãos —, com a mídia comentando que o "pequeno gesto tem grande importância".[7]

Como uma ação tão insignificante pode ser imbuída de tanta importância? Segundo Margaret Atwood, "o toque vem antes da visão e da fala. É a primeira e a última linguagem, e sempre diz a verdade".[8] O aperto de mão é algo que qualquer um pode fazer, em qualquer cenário, desde que as pessoas estejam face a face. Suas origens são obscuras, e as duas explicações mais comuns refletem simplicidade e paridade: ou apertar as mãos simboliza um juramento ou, de modo menos prosaico e mais prático, sinaliza que o outro está desarmado.[9]

Não temos mais o costume de carregar adagas em nossas mangas. Então por que ainda apertamos mãos?

Em um relacionamento próximo, como no casamento, deve haver o mínimo de confiança: eu quero entender suas ações e confio que você queira entender as minhas. Isso nem sempre é óbvio entre estranhos. Mas o aperto de mãos mostra que, apesar de não conhecermos a outra pessoa, estamos dispostos a interagir com ela, o que pode reduzir a tensão o suficiente para que um relacionamento se inicie.

Posto isso, antes de sair apertando mãos por aí, pratique com um amigo, porque é verdadeiro o velho ditado que afirma que o aperto de mão deve ser firme. Durante uma pesquisa, estudantes em falsas entrevistas de emprego apertaram as mãos antes de começar, e aqueles cujos apertos foram considerados "frouxos" ou "muito breves" foram avaliados de modo mais negativo. Foram inclusive considerados como menos qualificados para o cargo em questão.[10]

Apertar as mãos é um ritual que usamos para nos estabelecermos, mas há muitas outras ações quando buscamos entendimento ou reconciliação — cada uma delas com uma própria lógica subjacente.

Considere o *high five* [toca-aqui]. A despeito de sua disseminada adoção, trata-se de algo recente, inventado em 1977 pelo jogador de beisebol Dusty Baker, que, após conseguir um *home run*, viu um colega de time erguer a mão e decidiu dar um tapa nela. Ação arbitrária na época, ela se disseminou, tornando-se um ritual com significado.[11]

Às vezes, um simples abraço já basta. Quando abraçamos um amigo, a ciência do que está acontecendo é profunda e complexa. Primeiro empregamos "movimentos suaves e complacentes, com transição entre tensão e relaxamento muscular", mas depois nos afastamos ou damos tapinhas um nas costas do outro.[12]

E há a inócua caminhada. Por que líderes mundiais caminham juntos? Por que os presidentes estadunidenses acompanham líderes do Congresso até o Roseiral da Casa Branca? Só o ato de andar perto de outra pessoa pode facilitar as interações e a cooperação. Pesquisas mostram que, ao caminharem perto umas das outras, as pessoas sincronizam movimentos e experimentam "atenção compartilhada" (olham para as mesmas coisas), o que pode ajudá-las a entender suas respectivas perspectivas.[13]

Pedidos de desculpas, apertos de mão e *high fives* são opções. Muitos conflitos, porém, pedem algo mais intenso. Os rituais de reconciliação são cruciais não somente para nossos esforços de entendermos uns aos outros e chegarmos a um acordo, mas também para unirmos grupos díspares. Como superar as divisões entre grupos com experiências tão diferentes?

Fazer com que um mais um seja igual a um

Pense em todas as piadas que você compartilha com amigos — todas as expressões curtas e sem sentido que vocês gradualmente carregaram de sentido. Basta um olhar ou uma sobrancelha arqueada para comunicar tudo e mais um pouco ao seu melhor amigo. Quanto tempo foi necessário para construir esse nível de entendimento? Quando a amizade se transformou em uma cultura comum só de vocês?

Psicólogos e sociólogos estão fascinados pela maneira como os grupos se formam e criam culturas próprias — e pelo que acontece quando essas culturas colidem. No início da década de 2000, os pesquisadores Roberto Weber e Colin Camerer criaram um inteligente jogo para investigar essas questões.[14] O experimento é similar, em espírito, a jogos de salão como o Celebrity, nos quais cada rodada se torna mais limitada e hilária enquanto os dois lados tentam criar respostas curtas e gestos para significar as pistas que solucionaram na primeira rodada.

Imagine que você esteja em uma equipe de duas pessoas. Você é o "gerente" e seu parceiro é o "funcionário". Cada um tem um conjunto de 16 imagens, e cada uma mostra uma cena diferente de um escritório. As imagens têm algumas características em comum — pessoas, móveis e tons de bege —, mas outras variam, como gênero, etnia e roupas, além das ações das pessoas, como conversar, falar ao telefone ou trabalhar no computador. Quando o jogo começa, você, como gerente, recebe oito imagens em uma ordem específica e precisa descrevê-las, da maneira que quiser, para que o funcionário adivinhe quais são e em que ordem estão. Depois de vinte rodadas, os dois são pagos com base em quão rapidamente conseguem identificar as imagens.

Assim que começam a jogar, os pares logo desenvolvem vernáculos particulares que lhes permitem ir cada vez mais rápido. Por exemplo, na primeira rodada, um par se referiu a determinada imagem como "aquela com três pessoas: dois homens e uma mulher. A mulher está sentada à esquerda. Eles estão olhando para dois computadores com gráficos ou tabelas de PowerPoint. Os homens usam gravata, e a mulher tem cabelo loiro e curto. Um dos homens aponta para um dos computadores".

Mas, após várias rodadas, o par se referia à mesma imagem dizendo apenas "PowerPoint".

Então, há uma surpresa: a "empresa" de duas pessoas está se fundindo com outra, e o jogo continua pelas rodadas adicionais, com esses novos parceiros. Surge uma questão. Outros pares também foram eficientes em capturar a mesma imagem [definida como "PowerPoint"] com o mínimo de palavras, mas não as mesmas. Um par usou "mulher sentada, sorrindo", e outro usou "cara encurvado". As empresas maiores tiveram de se esforçar para encontrar uma nova linguagem comum.

O que aconteceu após a fusão? As peculiaridades — a linguagem compartilhada desenvolvida pelos parceiros — haviam tornado as equipes eficientes no primeiro segmento do jogo. Os novos membros, contudo, com linguagens diferentes, retardaram essa eficiência no segundo segmento. Imagine a frustração da gerente dizendo "PowerPoint!" enquanto o novo funcionário tentava adivinhar qual imagem ela tinha em mente. Os novos membros não estavam fazendo nada errado, mas a falha em entender a linguagem (e a cultura) particular enraiveceu a gerente. Os funcionários que chegaram após a "fusão" a avaliaram muito mais negativamente que seu antigo gerente, porque ela não "se comunicava bem".

O que estava faltando era uma noção de identidade e de entendimento no grupo. Sentir-se compreendido está ligado ao nosso bem-estar emocional e físico. Em um estudo, pessoas responderam perguntas sobre o dia que tiveram, incluindo "Quão satisfeito você está com a vida hoje?" e "Durante as interações com outras pessoas, quanto se sentiu compreendido?". As pessoas que haviam se sentido mais compreendidas estavam mais satisfeitas — e relataram menos sintomas físicos negativos, como dores de cabeça e de estômago ou tontura.[15]

Esse estudo foi um microcosmo de por que o conflito ocorre tão prontamente quando unimos diferentes culturas. Quando duas empresas se fundem, quando duas famílias se combinam, quando dois grupos de amigos se reúnem, cada um deles traz piadas, memórias e rituais próprios. Isso pode levar a confrontos. Como transformar dois em um?

As pesquisadoras Dawn Braithwaite, Leslie Baxter e Anneliese Harper queriam responder a essa pergunta, especificamente no caso das famílias. Quando tentamos fundir dois núcleos familiares, os pais querem construir algo novo, mas os filhos querem manter as tradições de origem. Para entender o que funciona e o que não funciona, as pesquisadoras perguntaram a vinte pais e 23 filhos de novos casamentos como eles administravam a tensão de combinar antigo e novo.[16] Em alguns casos, as coisas podem dar errado, como na experiência desta jovem:

Na minha família, íamos ao mesmo restaurante todos os sábados à noite. Era o favorito da minha mãe. Nós nos sentávamos sempre na mesma mesa e éramos atendidos pelo mesmo garçom, todo sábado. Quando o meu pai se casou de novo, continuamos a fazer isso. Fomos lá por algum tempo, até que um dia deixei escapar: "Este é o restaurante favorito da minha mãe!" A minha madrasta respondeu: "Então, não vamos mais vir aqui." E começamos a ir a um novo lugar. Eu nem me lembro do nome. Não era a mesma coisa. Era horrível.

Feriados e celebrações podem se tornar uma batalha por lealdade: você está comigo (e com *meus* rituais) ou contra mim (e com os rituais *deles*). Uma fusão real — duas famílias que se unem, mas retêm elementos de unicidade — é mais bem-sucedida que uma tomada hostil.

Uma saída é continuar com os rituais existentes. Um padrasto do mesmo estudo estava disposto a adotar o ritual da família da segunda esposa, mas comentou: "Na véspera de Ano-Novo, eles comem porco e chucrute, mas o chucrute é cru. Eu odeio, mas como mesmo assim."

A despeito da repulsa, ele faz isso porque "dá uma sensação de proximidade, criação de laços". Outros tentam incluir os novos membros da família nos rituais existentes, como o padrasto que escolheu presentes de Natal personalizados para a filha da segunda esposa, da mesma maneira que fazia com o próprio filho, levando-a a dizer: "Eu sinto que sou filha dele... Não sou só a enteada, sabe? Sou igual ao filho dele."

Muitas famílias escolhem uma terceira estratégia: criar rituais novos. A melhor abordagem é reter *alguns* elementos antigos, como forma de reconhecer a importância destes, e dar, ao mesmo tempo, um tom de originalidade ao ritual. Por exemplo, uma madrasta do estudo falou sobre a nova família criar as próprias decorações de Natal, com cada enfeite marcando o tempo deles juntos:

> É um momento de cumplicidade e de trabalho em grupo, e lembramos de feriados anteriores que passamos juntos. Quando terminamos, sempre estamos maravilhados: "Fizemos isso e ficou muito bonito!" Todo mundo contribuiu.[17]

Quando pais divorciados voltam a se casar, os filhos podem se sentir pressionados a escolher entre as famílias, o que só aumenta a dificuldade de processar o rompimento. Mas, quando os rituais das famílias originais recebem espaço, quando os filhos são incluídos naqueles já existentes ou quando as novas famílias criam ritos próprios, as crianças são liberadas de uma parte desse trabalho emocional. Os rituais cimentam os elos da nova família e a transformam em uma nova unidade.

A mesma estratégia que as pessoas usam para unir famílias também é a melhor prática para unir empresas. As fusões mais bem-sucedidas ocorrem quando rituais são usados para reter algo antigo, abrir mão de algo e criar marcos únicos à nova organização.

Em um estudo sobre cinquenta fusões empresariais nos Estados Unidos e na Suécia, a efetividade de cada união foi avaliada em uma escala que ia de "fusão bem-sucedida" até "nível muito baixo de aculturação", descrito como fortes e continuados conflitos culturais e quase nenhuma cultura organizacional comum. Qual era a diferença? Os pesquisadores perceberam que "só uma coisa importava: envolver os funcionários afetados em atividades de socialização como programas de introdução, treinamento, visitas cruzadas, retiros, celebrações e outros rituais". Fazer isso e colocar os funcionários à frente desses rituais criou um senso comum de entendimento, surgido de baixo para cima. Os benefícios do ritual se provaram verdadeiros em muitos tipos diferentes de fusão, para empresas grandes e pequenas, independentemente do país. É notável perceber como os rituais gerados pelos funcionários foram mais importantes que as atividades mais "oficiais", como implementação de equipes de transição ou rotação de pessoal.[18]

Brian Gorman, coach de executivos, comentou uma fusão corporativa que focou a fusão em si, em vez de a aquisição — e foi bem-sucedida ao misturar o antigo e o novo. Pediram aos funcionários que escrevessem em tiras de papel o que queriam abandonar após a união entre as organizações, assim como o que queriam levar para a nova empresa. Então jogaram as tiras de "coisas a abandonar" no fogo. Alguns dias depois, a instituição se reuniu para definir sua nova identidade. Os funcionários foram encorajados a ler o que desejavam que continuasse em voz alta e depois a afixar os papéis na parede. Foi uma maneira de forjar uma identidade compartilhada desde o início.

Será que foi só uma ideia esperta? Será que funcionou? A resposta está nas ações dos funcionários. Como parte da reunião, a empresa fotografou a parede de "coisas a manter" e disponibilizou as fotos para a equipe. Mesmo anos depois, alguns funcionários ainda usavam essas fotos como fundo de tela.[19]

O processo de cura

Quando famílias ou empresas se combinam, pode parecer uma situação inflamável no início — sendo que ninguém riscou o fósforo ainda. O que fazer quando o fogo foi aceso, as chamas estão altas e uma pesada fumaça paira no ar? Como superar conflitos devastadores de um casamento destroçado, de uma disputa familiar que dura há décadas ou mesmo de uma injustiça secular que atravessa continentes e culturas?

Em 1910, o sueco Eric Mjöberg cometeu um crime terrível. Depois de um período na Austrália, ele voou de volta para a Suécia com uma coleção inestimável roubada das terras aborígenes. Não se tratava de obras de arte ou barras de ouro: Mjöberg levou consigo 15 crânios e outros ossos para serem expostos no Museu de Etnografia de Estocolmo. O crime ficou sem punição durante quase um século, mas o museu respondeu em 2004 aos pedidos de justiça. Estava na hora de repatriar os crânios roubados e lidar com a perda cultural.

A repatriação não podia ser uma troca furtiva; não havia uma maneira simples de cicatrizar aquela ferida. Membros da delegação aborígene e a equipe do museu criaram um ritual para fazer uma repatriação com significado, honrando o retorno e fazendo com que os suecos entendessem o escopo da perda infligida. A cerimônia resultante — usada para limpeza espiritual pelos aborígenes australianos — foi um esforço conjunto para permitir a conexão entre as duas culturas, em evidente contraste com o crime inicial. Um observador a descreveu:

Uma perfumada fumaça branca ondulava entre a vegetação: naquele momento, pareceu significativo unir fumaça de plantas de diferentes cenários. Um tipo especial de ramos verdes — "de cerejeira", disse alguém — fora trazido no voo vindo da Austrália. Outros galhos haviam sido trazidos por um dos curadores de uma ilha do arquipélago de Estocolmo. O líder de barba branca da delegação disse palavras breves e gentis sobre a satisfação de levar os ancestrais de volta para casa, onde era o lugar deles. Um homem começou a tocar o didjeridu. Então chegou a hora de atravessar a fumaça.

Para a delegação aborígene australiana, era essencial ter a própria identidade representada e fazer com que as contrapartes entendessem tanto essa identidade quanto os erros cometidos no passado ao ignorá-la. Para reconhecer o peso do crime, outra pessoa importante compareceu: Lotte Mjöberg, parente de Eric Mjöberg. Foi Lotte quem fechou as tampas das caixas de transporte, em uma representação contrária das ações do ancestral. A ofensa era tão grave que precisava usar recursos físicos para poder ser psicologicamente desfeita.[20]

O fato de os aborígenes australianos terem incluído contrapartes suecas em um ritual retirado da própria tradição — e então alterá-lo para incorporar elementos suecos — pode parecer surpreendente. Mas essa é uma tendência comum dos rituais de cura, que compartilham muitas características com os que unem famílias ou empresas. O objetivo é permitir que todas as partes se envolvam e participem juntas; dividir a responsabilidade pelo crime inicial é crucial, mas derrubar a barreira entre ambas as partes para que a cura possa ocorrer é igualmente importante. Pense nos rituais pós-apartheid na África do Sul: eles exigem verdade e clareza, mas também a criação de algo que pudesse ser compartilhado pela nova nação, permitindo um futuro para além das dores do passado.

Só podemos nos curar e viver em comunidade com outro grupo se sentimos que eles nos entendem. Em uma pesquisa que perguntou a mais de 5 mil escoceses se eles eram a favor ou contra a independência, a resposta dependeu de sentirem que os ingleses compreendiam os pontos de vista e os valores escoceses. O melhor previsor de querer ficar (ou partir) não foi as pessoas gostarem dos ingleses, mas se achavam que eles as entendiam. Quando sentiam que isso acontecia, tinham maior probabilidade de querer que a união funcionasse, de querer permanecer parte de uma nação mais ampla.[21]

Rituais que resolvem diferenças entre grupos forjam uma identidade conjunta — mas fazem isso reconhecendo a identidade individual de cada grupo. William Ury, autor de *Como chegar ao sim: como negociar acordos sem fazer concessões* e especialista em negociação de conflitos que atuou em várias mediações entre israelenses e palestinos, argumentou que não há esse respeito à individualidade nas negociações mais desafiadoras. "É uma concessão que não custa nada, mas é incrível como não a fazemos."[22]

Os rituais nos oferecem um conjunto de ações que podemos realizar juntos a fim de demonstrar respeito e entendimento e estabelecer um novo começo. Isso é verdade para nações e grandes organizações — e é crucial para solucionar antigas diferenças no front doméstico.

Após 22 anos de divórcio, Tom e Sagan Lewis se casaram novamente, 35 anos depois da primeira cerimônia. (Eles eram fãs de rituais em geral; quando se divorciaram em 1993, deram uma festa e avisaram aos convidados: "Se quiserem nos dar presentes, tragam dois.") Recasamentos são raros, mas, de acordo com a terapeuta matrimonial Michele Weiner-Davis, quando ocorrem, é porque ambos os parceiros "chegam ao relacionamento com mais maturidade e disposição para entender por que as coisas deram errado [...]. Estão dispostos a analisar o que podem mudar a fim de não se verem novamente na mesma posição". Tom e Sagan sentiram falta um do outro nas duas décadas de divórcio, mas o recasamento só foi possível porque eles admitiram estar ocupados demais sendo adversários, em vez de colaboradores, durante a primeira tentativa. Eles tiveram de entender o que os havia prejudicado e o que precisavam fazer para que "o 'felizes para sempre' fosse duradouro". A renovada promessa de serem mais compreensivos incluía esta observação no (segundo) convite de casamento: "Após 22 anos, o divórcio não estava funcionando."[23]

Os rituais podem nos unir, inserindo sentido em iniciativas compartilhadas, e nos dividir, semeando desconfiança em relação àqueles cujos rituais diferem dos nossos. Felizmente, depois que a poeira assenta, são eles que nos ajudam na reconciliação ao encorajar o entendimento, que concede aos participantes a oportunidade de contar sua verdade e ouvir a do outro. Em (re)casamentos, em novas famílias, em fusões e aquisições e em nações ávidas pela paz, os rituais de reconciliação nos ajudam a virar a página e a iniciar um novo capítulo.

Epílogo
Uma vida com rituais

É manhã de segunda-feira. Antes de o sol nascer, Flannery O'Connor faz suas preces e prepara uma garrafa de café. Maya Angelou abre a porta do quarto de hotel com todas as obras de arte removidas das paredes. Outra mulher, vivendo do outro lado do país, deixa o smartphone na mesa de cabeceira, abre as cortinas, faz uma inspiração profunda e enfrenta o dia. Enquanto isso, um homem entra no banheiro e liga a torneira de água fria. Enchendo as mãos em concha três vezes — sempre três vezes —, ele lava o rosto e começa o dia com um choque de vitalidade.

Por volta das 9 horas, depois de Victor Hugo se despir e instruir o valete a esconder as roupas até ter cumprido a cota diária de escrita, uma diretora de marketing se reúne com a equipe e participa da "partilha", na qual cada membro fala de um ponto alto do fim de semana. Ela toma o segundo café — sempre no escritório — na caneca guardada em uma gaveta. Gosta de saborear a fragrância do café e passa os dedos pelas bordas da caneca de cerâmica, uma ação que sempre evoca a memória da mãe.

Exatamente às 15h30, o momento em que Immanuel Kant sai pela porta para uma caminhada segurando sua bengala espanhola, um gerente de fundos talvez esteja começando a se preparar para a maior apresentação do ano fiscal. Ele entra discretamente no escritório e faz uma série de saudações ao sol, que sempre o fazem se sentir mais confiante e relaxado. O gerente sai novamente do escritório, sempre com o pé direito, dá três tapinhas na placa acima da porta para ter sorte e entra na sala de reuniões repleta de colegas e clientes.

Quando o dia de trabalho termina, mais ou menos no momento em que Agatha Christie entra na banheira e dá uma mordida em uma maçã, uma professora da terceira série chega em casa, tira as roupas de trabalho e lava o estresse do dia em um longo banho. Ela imagina as preocupações que tivera durante o dia com um estudante problemático deslizando pelo corpo e escorrendo ralo abaixo. Durante o jantar, o filho conduz a família pelo ritual de listar uma coisa boa e uma coisa ruim que aconteceu e uma expectativa para o dia seguinte. Ela inspira fundo e diz que a coisa boa do dia é a gratidão que sente pela beleza de jantarem juntos.

A segunda-feira está chegando ao fim. Charles Dickens tira do bolso a bússola que sempre carrega consigo e confirma que a cama está virada para o norte. Uma jovem mãe coloca a filha para dormir, sempre com os mesmos dois livros e quatro canções, enquanto uma avó do outro lado do mundo acende uma vela e agradece pela própria saúde. Um adolescente, exausto após uma partida de futebol, ainda encontra forças para colocar o pijama em uma ordem que lhe traz conforto e calma — primeiro a blusa, depois a calça; primeiro a perna esquerda, depois a direita. Por toda parte, em todo o mundo, está na hora de concluir o dia de uma maneira que parece "certa".

Essas ações simples podem não mudar o mundo, mas nos afetam internamente. Elas nos dão uma sensação de posse, uma afirmação de identidade e pertencimento. Os rituais são uma das melhores ferramentas da humanidade para fornecer a emoção ou o efeito psicológico certo, no momento certo. Eles estão por toda parte, imbuindo nossas ações cotidianas de poder extraordinário. Todos nós vivemos uma vida com rituais.

Podemos nos inspirar nos maiores cientistas, artistas e atletas do mundo e realizar nossos rituais únicos de desempenho para fortalecer conexões e comprometimento — no trabalho e em casa — ou buscar maneiras de lidar com a perda. Os rituais são um lembrete de que estranhos padrões de comportamento repetitivo existem porque nós sempre os empregamos. Eles estão disponíveis para todos, em qualquer momento e lugar. Então, precisamos convocar a magia que possuem com um pouco de esforço e, ainda melhor, uma pitada de individualidade.

Eles oferecem uma maneira de aprimorarmos a vida com algo mais. Experimente. Todos os dias, ações cotidianas podem se transformar em extraordinárias. O que fez hoje para amar, apreciar, rir, lamentar, saborear, *experimentar* um pouquinho mais? E o que pode fazer amanhã?

Agradecimentos

Quero expressar minha gratidão a algumas pessoas maravilhosas. Meus muitos, muitos colaboradores em todas as pesquisas sobre o assunto. Trata-se de um tópico incomum, e sou grato por vocês estarem dispostos a incluí-lo em seu valioso currículo.

Minhas agentes, Alison MacKeen e Celeste Fine, cuja fé nas ideias deste livro é a única razão pela qual o continuei escrevendo.

Meus editores, Rick Horgan e Nan Graham, que ajudaram esta obra a ser mais atraente e útil para os leitores.

Alison MacKeen, Campbell Schnebly, Jon Cox e Ann Marie Healy, que ajudaram a esboçar e a reunir as ideias do livro (em ordem de aparição intelectual).

Norma Hellstein, pela hábil revisão, Katie Boland, pelo brilhante trabalho com as notas, Corey Powell e Peter Guzzardi, por suas opiniões tão úteis. Chris McGrory, pela ajuda em reunir exemplos interessantes.

Os estudantes dos três seminários para calouros que conduzi em Harvard, pelas interessantes discussões sobre como os rituais afetam nossa vida (e sem os quais não haveria nenhuma referência a eventos culturais deste século).

E, antes de tudo, agradeço aos meus pais, meus irmãos e toda a minha família irlandesa católica, pelos rituais que me deram, e a Deals e Tootch pelos que criamos juntos.

Notas

Prefácio: O reencantamento

1. Howard Thompson. "Quiet Murders Suit Miss Christie; Visiting Writer Still Prefers to Keep Crime in Family". *The New York Times*, 27 de outubro de 1966. Disponível em: https://www.nytimes.com/1966/10/27/archives/quiet-murders-suit-miss-christie-visiting-writer-still-prefers--to.html; James Surowiecki. "Later". *New Yorker*, 4 de outubro de 2010. Disponível em: https://www.newyorker.com/magazine/2010/10/11/later; Emmie Martin. "14 Bizarre Sleeping Habits of Super-Successful People". *Independent*, 26 de abril de 2016. Disponível em: https://www.independent.co.uk/news/people/14-bizarre-sleeping-habits-of-super-successful-people-a7002076.html; Mason Currey. *Daily Rituals: How Artists Work*. Nova York: Alfred A. Knopf, 2013.
2. David Sanderson. "Keith Richards Finds Satisfaction in Pre-concert Shepherd's Pie". *Times*, 8 de junho de 2018. Disponível em: https://www.thetimes.co.uk/article/stones-find-satisfaction-in-pre-concert--shepherds-pie-qn80glfmh; "Chris Martin Gig Ritual". *Clash Magazine*, 10 de março de 2009. Disponível em: https://www.clashmusic.com/news/chris-martin-gig-ritual/; Nanny Froman. "Marie and Pierre Curie and the Discovery of Polonium and Radium". Prêmio Nobel. Disponível em: https://www.nobelprize.org/prizes/themes/marie-and-pierre--curie-and-the-discovery-of-polonium-and-radium/; Julie Hirschfeld Davis. "Obama's Election Day Ritual: Dribbling and Jump Shots". *The New York Times*, 8 de novembro de 2016. Disponível em: https://www.nytimes.com/2016/11/09/us/politics/obama-election-day.html.

Capítulo 1: O que são rituais?

1. Charles Taylor. *A Secular Age*. Cambridge: Belknap Press of Harvard University Press, 2018.
2. Reem Nadeem. "How U.S. Religious Composition Has Changed in Recent Decades". Pew Research Center's Religion & Public Life Project, 13 de setembro de 2022. Disponível em: https://www.pewresearch.org/religion/2022/09/13/how-u-s-religious-composition-has-changed-in-recent-decades/.
3. Jeffrey M. Jones. "Confidence in U.S. Institutions Down; Average at New Low". Gallup, 5 de julho de 2022. Disponível em: https://news.gallup.com/poll/394283/confidence-institutions-down-average-new-low.aspx.
4. Max Weber. *Economia e sociedade*. Brasília: Editora UnB, 2012.
5. Jeffrey M. Jones. "Belief in God in U.S. rops to 81%, a New Low". Gallup, 17 de julho de 2022. Disponível em: https://news.gallup.com/poll/393737/belief-god-dips-new-low.aspx.
6. "Religiously Unaffiliated". Pew Research Center, 18 de dezembro de 2012. Disponível em: https://www.pewforum.org/2012/12/18/global-religious-landscape-unaffiliated/.
7. Penelope Green. "How Much Hip Can the Desert Absorb?". *The New York Times*, 12 de abril de 2019. Disponível em: https://www.nytimes.com/2019/04/12/style/coachella-desert-hipsters-salton-sea.html.
8. Melissa Fiorenza. "Project: Hell Week — Preview & Expert Tips". Orangetheory Fitness. Disponível em: https://www.orangetheory.com/en-us/articles/project-hell-week.
9. Julie Hirschfeld Davis. "A Beat and a Bike: The First Lady's Candlelit Habit". *The New York Times*, 10 de janeiro de 2016. Disponível em: https://www.nytimes.com/2016/01/11/us/politics/a-beat-and-a-bike-michelle-obamas-candlelit-habit.html.
10. Rachel Strugatz. "How SoulCycle Got Stuck Spinning Its Wheels". *The New York Times*, 27 de maio de 2020. Disponível em: https://www.nytimes.com/2020/05/19/style/soulcycle-peloton-home-exercise-bikes-coronavirus.html.
11. Mark Oppenheimer. "When Some Turn to Church, Others Go to CrossFit". *The New York Times*, 27 de novembro de 2015. Disponível em: https://www.nytimes.com/2015/11/28/us/some-turn-to-church-others-to-crossfit.html.

12. Anand Giridharadas. "Exploring New York, Unplugged and on Foot". *The New York Times*, 24 de janeiro de 2013. Disponível em: https://www.nytimes.com/2013/01/25/nyregion/exploring-red-hook-brooklyn-unplugged-and-with-friends.html; Kostadin Kushlev, Ryan Dwyer e Elizabeth Dunn. "The Social Price of Constant Connectivity: Smartphones Impose Subtle Costs on Well-Being". *Current Directions in Psychological Science*, v. 28, n° 4, 2019, p. 347-52.
13. Alex Vadukul. "'Luddite' Teens Don't Want Your Likes". *The New York Times*, 15 de dezembro de 2022. Disponível em: https://www.nytimes.com/2022/12/15/style/teens-social-media.html.
14. Home. Seattle Atheist Church. Disponível em: https://seattleatheist.church/.
15. Nellie Bowles. "God Is Dead. So Is the Office. These People Want to Save Both". *The New York Times*, 28 de agosto de 2020. Disponível em: https://www.nytimes.com/2020/08/28/business/remote-work-spiritual-consultants.html.
16. Elizabeth Dunn e Michael I. Norton. *Dinheiro feliz: a arte de gastar com inteligência*, São Paulo: JSN, 2014.
17. Michael I. Norton e George R. Goethals. "Spin (and Pitch) Doctors: Campaign Strategies in Televised Political Debates". *Political Behavior*, v. 26, n° 3, 2004, p. 227-48.
18. Malia F. Mason et al. "Wandering Minds: The Default Network and Stimulus-Independent Thought". *Science*, v. 315, n° 5810, 2007, p. 393-95.
19. Sheryl Gay Stolberg, Benjamin Mueller e Carl Zimmer. "The Origins of the COVID Pandemic: What We Know and Don't Know". *The New York Times*, 17 de março de 2023. Disponível em: https://www.nytimes.com/article/covid-origin-lab-leak-china.html.
20. Lisa Guernsey. "M.I.T. Media Lab at 15: Big Ideas, Big Money". *The New York Times*, 9 de novembro de 2000. Disponível em: https://www.nytimes.com/2000/11/09/technology/mit-media-lab-at-15-big-ideas-big-money.html.
21. Ann Swidler. *Talk of Love: How Culture Matters*. Chicago: University of Chicago Press, 2013.
22. Lynn Hirschberg. "Strange Love: The Story of Kurt Cobain and Courtney Love". *Vanity Fair*, 1° de setembro de 1992. Disponível em: https://www.vanityfair.com/hollywood/2016/03/love-story-of-kurt-cobain-courtney-love.

23. Nicholas M. Hobson et al. "When Novel Rituals Lead to Intergroup Bias: Evidence from Economic Games and Neurophysiology". *Psychological Science*, v. 28, nº 6, 2017, p. 733-50.
24. B.F. Skinner. "Operant Behavior". *American Psychologist*, v. 18, nº 8, 1963, p. 503.
25. Charles Duhigg. *O poder do hábito: por que fazemos o que fazemos na vida e nos negócios*. Rio de Janeiro: Objetiva, 2012.
26. Richard H. Thaler e Cass R. Sunstein. *Nudge: como tomar melhores decisões*. Rio de Janeiro: Objetiva, 2023.
27. Tom Ellison. "I've Optimized My Health to Make My Life as Long and Unpleasant as Possible". *McSweeney's*, 3 de março de 2023. Disponível em: https://www.mcsweeneys.net/articles/ive-optimized-my-health-to-make-my-life-as-long-and-unpleasant-as-possible.
28. Aaron C. Weidman e Ethan Kross. "Examining Emotional Tool Use in Daily Life". *Journal of Personality and Social Psychology*, v. 120, nº 5, 2021, p. 1344.
29. Jordi Quoidbach et al. "Emodiversity and the Emotional Ecosystem". *Journal of Experimental Psychology: General*, v. 143, nº 6, 2014, p. 2057.
30. Pablo Picasso's Blue Period — 1901 to 1904. Pablo Picasso. Disponível em: https://www.pablopicasso.org/blue-period.jsp.
31. Nicole Laporte. "How Hollywood Is Embracing the World's Blackest Black Paint". *Fast Company*, 21 de setembro de 2021. Disponível em: https://www.fastcompany.com/90677635/blackest-black-vantablack-hollywood.
32. Paul Ekman. "Basic Emotions". *Handbook of Cognition and Emotion*, v. 98, 1999, p. 45-60.
33. Alan S. Cowen e Dacher Keltner. "Self-Report Captures 27 Distinct Categories of Emotion Bridged by Continuous Gradients". *Proceedings of the National Academy of Sciences*, v. 114, nº 38, 2017, p. E7900-E7909; Carroll E. Izard. *Human Emotions*. Nova York: Springer Science & Business Media, 2013.
34. Ximena Garcia-Rada, Ovul Sezer e Michael I. Norton. "Rituals and Nuptials: The Emotional and Relational Consequences of Relationship Rituals". *Journal of the Association for Consumer Research*, v. 4, nº 2, 2019, p. 185-97; Ovul Sezer et al. "Family Rituals Improve the Holidays". *Journal of the Association for Consumer Research*, v. 1, nº 4, 2016, p. 509-26; Tami Kim et al. "Work Group Rituals Enhance the Meaning of Work". *Organizational Behavior and Human Decision Processes*, v. 165, 2021, p. 197-212; Benjamin A. Rogers et al. "After-Work Rituals and Well-Being", documento técnico.

35. Somini Sengupta. "To Celebrate Diwali Is to Celebrate the Light". *The New York Times*, 14 de novembro de 2020. Disponível em: https://www.nytimes.com/2020/11/14/us/diwali-celebration.html; Oscar Lopez. "What Is the Day of the Dead, the Mexican Holiday?". *The New York Times*, 27 de outubro de 2022. Disponível em: https://www.nytimes.com/article/day-of-thedead-mexico.html; Elizabeth Dias. "'This Is What We Do': The Power of Passover and Tradition across Generations". *The New York Times*, 9 de abril de 2020. Disponível em: https://www.nytimes.com/2020/04/08/us/passover-seder-plagues-coronavirus.html.
36. Andrew D. Brown. "Identity Work and Organizational Identification", *International Journal of Management Reviews*, v. 19, n° 3, 2017, p. 296-317.

Capítulo 2: Você colhe o que planta

1. Daniel Kahneman, Jack L. Knetsch e Richard H. Thaler. "Anomalies: The Endowment Effect, Loss Aversion, and Status Quo Bias". *Journal of Economic Perspectives*, v. 5, n° 1, 1991, p. 193-206.
2. *Living*. Nova York: Street & Smith, 1956.
3. Laura Shapiro. *Something from the Oven: Reinventing Dinner in 1950s America*. Londres: Penguin Books, 2005; Emma Dill. "Betty Crocker Cake Mix". *Mnopedia*, 23 de janeiro de 2019. Disponível em: http://www.mnopedia.org/thing/betty-crocker-cake-mix.
4. Mark Tadajewski. "Focus Groups: History, Epistemology and Non-individualistic Consumer Research". *Consumption Markets & Culture*, v. 19, n° 4, 2016, p. 319-45.
5. Liza Featherstone. "Talk Is Cheap: The Myth of the Focus Group". *The Guardian*, 6 de fevereiro de 2018. Disponível em: https://www.theguardian.com/news/2018/feb/06/talk-is-cheap-the-myth-of-the--focus-group.
6. Ximena Garcia-Rada et al. "Consumers Value Effort over Ease When Caring for Close Others". *Journal of Consumer Research*, v. 48, n° 6, 2022, p. 970-90.
7. Michael I. Norton et al. "The IKEA Effect: When Labor Leads to Love". *Journal of Consumer Psychology*, v. 22, n° 3, julho de 2012, p. 453-60.

8. Andy Saunders. "Today's Final Jeopardy—Wednesday, March 24, 2021". *Jeopardy! Fan*, 24 de março de 2021. Disponível em: https://thejeopardyfan.com/2021/03/final-jeopardy-3-24-2021.html.
9. Lauren Marsh, Patricia Kanngiesser e Bruce Hood. "When and How Does Labour Lead to Love? The Ontogeny and Mechanisms of the Ikea Effect". *Cognition*, v. 170, 2018, p. 245-53.

Capítulo 3: O efeito dos rituais

1. Kurt Streeter. "GOATs Are Everywhere in Sports. So, What Really Defines Greatness?". *The New York Times*, 3 de julho de 2023. Disponível em: https://www.nytimes.com/2023/07/03/sports/tennis/greatest-athlete-of-all-time.html.
2. Ashley Fetters. "Catching Up with Noted Underwear Model (and Tennis Player) Rafael Nadal". *GQ*, 20 de setembro de 2016. Disponível em: https://www.gq.com/story/rafael=-nadal-underwear-model-interview#:~:text-Not%20only%20is%20Nadal%20a,chronic%20underwear%20adjuster%20in%20history.
3. Rafael Nadal. *Rafa*. Paris: JC Lattes, 2012.
4. B.F. Skinner. "Operant Conditioning". *Encyclopedia of Education*, v. 7, 1971, p. 29-33.
5. B.F. Skinner. "'Superstition' in the Pigeon". *Journal of Experimental Psychology*, v. 38, nº 2, 1948, p. 168-72.
6. Bronislaw Malinowski. *Magia, ciência e religião*. Petrópolis: Vozes, 2022 [1925].
7. W. Norton Jones Jr. "Thousands Gather to Entreat Their Gods for Water to Bring a Good Harvest to the Dry Mesas". *The New York Times*, 26 de julho de 1942. Disponível em: https://timesmachine.nytimes.com/timesmachine/1942/07/26/223791632.html?pageNumber=72; "'Cat People' Parade in Uttaradit in Prayer for Rains". *Nation*, 7 de maio de 2019. Disponível em: https://www.nationthailand.com/in--focus/30368970.
8. George Gmelch. "Baseball Magic". *Transaction*, 8, 1971, p. 39-41.
9. Eric Hamerman e Gita Johar. "Conditioned Superstition: Desire for Control and Consumer Brand Preferences". *Journal of Consumer Research*, v. 40, nº 3, 2013, p. 428-43.

10. Robin Vallacher e Daniel Wegner. "What Do People Think They're Doing? Action Identification and Human Behavior". *Psychological Review*, v. 94, nº 1, 1987, p. 3-15.
11. Derek E. Lyons, Andrew G. Young e Frank C. Keil. "The Hidden Structure of Overimitation". *Proceedings of the National Academy of Sciences*, v. 104, nº 50, 2007, p. 19.751-56.
12. Rohan Kapitany e Mark Nielsen. "Adopting the Ritual Stance: The Role of Opacity and Context in Ritual and Everyday Actions". *Cognition*, 145, 2015, p. 13-29.
13. Vanessa Friedman. "Ruth Bader Ginsburg's Lace Collar Wasn't an Accessory, It Was a Gauntlet". *The New York Times*, 20 de setembro de 2020. Disponível em: https://www.nytimes.com/2020/09/20/style/rbg-style.html; Marleide da Mota Gomes e Antonio E. Nardi. "Charles Dickens' Hypnagogia, Dreams, and Creativity", *Frontiers in Psychology*, 12, 2021, p. 700882.
14. Bess Liebenson. "The Traditions and Superstitions That Rule at the Wedding". *The New York Times*, 27 de julho de 1997. Disponível em: https://www.nytimes.com/1997/07/27/nyregion/the-traditions-and-superstitions-that-rule-at-the-wedding.html.

Capítulo 4: Como atuar

1. Errol Morris. "The Pianist and the Lobster". *The New York Times*, 21 de junho de 2019. Disponível em: https://www.nytimes.com/interactive/2019/06/21/opinion/editorials/errol-morris-lobster-sviatoslav-richter.html.
2. Serena Williams. "Mastering the Serve". MasterClass. Disponível em: https://www.masterclass.com/classes/serena-williams-teaches-tennis/chapters/the-serveclass-info; Jon Boon. "Very Superstitious Ronaldo, Messi, Bale and Their Bizarre Superstitions Including Sitting in Same Bus Seat and Drinking Port". *U.S. Sun*, 25 de novembro de 2022. Disponível em: https://www.the-sun.com/sport/349126/football-superstitions-messi-ronaldo/; Martin Miller. "Batter Up! Not So Fast...". *Los Angeles Times*, 20 de setembro de 2006. Disponível em: https://www.latimes.com/archives/la-xpm-2006-sep-30-et-nomar30-story.html.
3. T. Ciborowski. "'Superstition in the Collegiate Baseball Player". *Sport Psychologist*, 11, 1997, p. 305-17.

4. Suzanne Farrell e Toni Bentley. *Holding On to the Air*. Nova York: Penguin Books, 1990.
5. Parul Sehgal. "Joan Didion Chronicled American Disorder with Her Own Unmistakable Style". *The New York Times*, 23 de dezembro de 2021. Disponível em; https://www.nytimes.com/2021/12/23/books/death-of-joan-didion.html.
6. Walter Isaacson. "Grace Hopper, Computing Pioneer". *Harvard Gazette*, 3 de dezembro de 2014. Disponível em: https://news.harvard.edu/gazette/story/2014/12/grace-hopper-computing-pioneer/.
7. Martin Lang et al. "Effects of Anxiety on Spontaneous Ritualized Behavior". *Current Biology*, 25, 2015, p. 1–6.
8. Stephanie Clifford. "Calming Sign of Troubled Past Appears in Modern Offices". *The New York Times*, 22 de novembro de 2009. Disponível em: https://www.nytimes.com/2009/11/23/business/media/23slogan.html.
9. Daniel M. Wegner et al. "Paradoxical Effects of Thought Suppression". *Journal of Personality and Social Psychology*, v. 53, n. 1, 1987, p. 5.
10. C.D. Spielberger e R.L. Rickman. "Assessment of State and Trait Anxiety". *Anxiety: Psychobiological and Clinical Perspectives*, 1990, p. 69–83.
11. Alison Wood Brooks. "Get Excited: Reappraising Pre-performance Anxiety as Excitement". *Journal of Experimental Psychology: General*, v.143, n° 3, 2014, p. 1.144–58.
12. Marlou Nadine Perquin et al. "Inability to Improve Performance with Control Shows Limited Access to Inner States". *Journal of Experimental Psychology: General*, v. 149, n° 2, 2020, p. 249–74.
13. Jules Opplert e Nicolas Babault. "Acute Effects of Dynamic Stretching on Muscle Flexibility and Performance: An Analysis of the Current Literature". *Sports Medicine*, v. 48, n° 2, 2018, p. 299–325.
14. Samantha Stewart. "The Effects of Benzodiazepines on Cognition". *Journal of Clinical Psychiatry*, 66, n° 2, 2005, p. 9–13.
15. Peter L. Broadhurst. "Emotionality and the Yerkes-Dodson Law". *Journal of Experimental Psychology*, v. 54, n° 5, 1957, p. 345.
16. Jeff Benedict. "To Bill Belichick, Tom Brady Beat Out Drew Bledsoe for QB Job in Summer 2001". *Athletic*, 2 de setembro de 2020. Disponível em: https://theathletic.com/2034943/2020/09/02/tom-brady-drew-bledsoe-the-dynasty-excerpt/.
17. Nick Hobson, Devin Bonk e Mickey Inzlicht. "Rituals Decrease the Neural Response to Performance Failure". *PeerJ*, 5, 2017, p. e3363.

18. Arthur R. Jensen e William D. Rohwer Jr. "The Stroop Color-Word Test: A Review". *Acta Psychologica*, 25, 1966, p. 36-93.
19. Jim Bouton. *Ball Four*. Nova York: Rosetta Books, 2012.
20. Joe Posnanski. "The Baseball 100: No. 47, Wade Boggs". *Athletic*, 9 de fevereiro de 2020. Disponível em: https://theathletic.com/1578298/2020/02/09/the-baseball-100-no-47-wade-boggs/.
21. Joe Posnanski. "60 Moments: No. 43, Jim Palmer Outduels Sandy Koufax in the 1966 World Series". *Athletic*, 17 de maio de 2020. Disponível em: https://theathletic.com/1818540/2020/05/17/60-moments-no-43-jim-palmer-outduels-sandy-koufax-in-the-1966-world-series/.
22. Eric Longenhagen e Kiley McDaniel. "Top 42 Prospects: Minnesota Twins". *FanGraphs*, 16 de dezembro de 2019. Disponível em: https://blogs.fangraphs.com/top-43-prospects-minnesota-twins/.

Capítulo 5: Como saborear

1. "How to Pour Perfection". Stella Artois. Disponível em: https://www.stellaartois.com/en/the-ritual.html.
2. David Nikel. "Swedish *Fika*: Sweden's 'Premium Coffee Break' Explained". *Forbes*, 3 de janeiro de 2023. Disponível em: https://www.forbes.com/sites/davidnikel/2023/01/03/swedish-fika-swedens-premium-coffee-break-explained/?sh=556cb6be5ec1.
3. Rajyasree Sen. "How to Make the Perfect Chai". *Wall Street Journal*, 17 de junho de 2013. Disponível em: https://www.wsj.com/articles/BL-IRTB-19020.
4. Elisabetta Povoledo. "Italians Celebrate Their Coffee and Want the World to Do So, Too". *The New York Times*, 3 de dezembro de 2019. Disponível em: https://www.nytimes.com/2019/12/03/world/europe/italy-coffee-world-heritage.html.
5. Tom Parker. "Milk and Graham Crackers Being Served to Nursery School Children in a Block Recreation Hall". UC Berkeley, Biblioteca Bancroft, 11 de dezembro de 1942. Disponível em: https://oac.cdlib.org/ark:/13030/ft2k4003np/?order=2&brand=oac4.
6. Patricia Wells. "Food: Time for Snacks". *The New York Times*, 25 de setembro de 1988. Disponível em: https://www.nytimes.com/1988/09/25/magazine/food-time-for-snacks.html.

7. Claude Fischler. "Food, Self and Identity". *Social Science Information*, v. 27, n. 2, 1988, p. 275-92.
8. Lizzie Widdicombe. "The End of Food". *New Yorker*, 5 de maio de 2014. Disponível em: https://www.newyorker.com/magazine/2014/05/12/the-end-of-food.
9. Bruce Schoenfeld. "The Wrath of Grapes". *The New York Times*, 28 de maio de 2015. Disponível em: https://www.nytimes.com/2015/05/31/magazine/the-wrath-of-grapes.html.
10. *Sideways: Entre umas e outras*, dirigido por Alexander Payne, Searchlight Pictures, Michael London Productions, 2004.
11. Kathryn Latour e John Deighton. "Learning to Become a Taste Expert". *Journal of Consumer Research*, v. 46, n° 1, 2019, p. 1-19.
12. Ryan Buell, Tami Kim e Chia-Jung Tsay. "Creating Reciprocal Value through Operational Transparency". *Management Science*, v. 63, n° 6, 2017, p. 1673-95.
13. Clotilde Dusoulier. "Dinner at El Bulli". *Chocolate & Zucchini*, 18 de agosto de 2006. Disponível em: https://cnz.to/travels/dinner-at-el-bulli/.
14. Sue Ellen Cooper. *The Red Hat Society: Fun and Friendship after Fifty*. Nova York: Grand Central Publishing, 2004; Careen Yarnal, Julie Son e Toni Liechty. "She Was Buried in Her Purple Dress and Her Red Hat and All of Our Members Wore Full 'Red Hat Regalia' to Celebrate her Life: Dress, Embodiment and Older Women's Leisure: Reconfiguring the Ageing Process". *Journal of Aging Studies*, v. 25, n° 1, 2011, p. 52-61; "The Red Hat Society". Disponível em: https://redhatsociety.com/; Associated Press. Marketers Flocking to Network for Older Women. *Deseret News*, 20 de fevereiro de 2005.
15. Emily Moscato e Julie Ozanne. "Rebellious Eating: Older Women Misbehaving through Indulgence". *Qualitative Market Research: An International Journal*, 2019.
16. Setareh Baig. "The Radical Act of Eating with Strangers". *The New York Times*, 11 de março de 2023. Disponível em: https://www.nytimes.com/2023/03/11/style/optimism-friendship-dinner.html.
17. Balazs Kovacs et al. "Social Networks and Loneliness during the covid-19 Pandemic". *Socius*, 7, 2021.
18. Francine Maroukian. "An Ode to a Classic Grandma-Style Chicken Noodle Soup". *Oprah Daily*, 15 de abril de 2022. Disponível em: https://www.oprahdaily.com/life/food/a39587412/chicken-soup-recipe-essay/.

19. Jordi Quoidbach et al. "Positive Emotion Regulation and Well-Being: Comparing the Impact of Eight Savoring and Dampening Strategies". *Personality and Individual Differences*, v. 49, n° 5, 2010, p. 368-73.
20. Ting Zhang et al. "A 'Present' for the Future: The Unexpected Value of Rediscovery". *Psychological Science*, v. 25, n° 10, 2014, p. 1851-60.
21. Tim Wildschut et al. "Nostalgia: Content, Triggers, Functions". *Journal of Personality and Social Psychology*, v. 91, n° 5, 2006, p. 975.
22. Ronda Kaysen. "How to Discover the Life-Affirming Comforts of 'Death Cleaning'". *The New York Times*, 25 de fevereiro de 2022. Disponível em: https://www.nytimes.com/2022/02/25/realestate/how-to-discover-the-life-affirming-comforts-of-death-cleaning.html.
23. Tina Lovgreen. "Celebrating Renewal at Nowruz". *CBS News*, 20 de março de 2021. Disponível em: https://newsinteractives.cbc.ca/longform/nowruz-rebirth-and-regrowth/.
24. Margareta Magnusson. *The Gentle Art of Swedish Death Cleaning: How to Free Yourself and Your Family from a Lifetime of Clutter*. Nova York: Simon & Schuster, 2018.
25. Jayne Merkel. "When Less Was More". *The New York Times*, 1° de julho de 2010. Disponível em: https://archive.nytimes.com/opinionator.blogs.nytimes.com/2010/07/01/when-less-was-more/.
26. J.K. "Spring Cleaning Is Based on Practices from Generations Ago". *Washington Post*, 25 de março de 2010. Disponível em: https://www.washingtonpost.com/wp-dyn/content/article/2010/03/23/AR2010032303492.html.
27. Derrick Bryson Tyler. "Spring Cleaning Was Once Backbreaking Work. For Many, It Still Is". *The New York Times*, 11 de abril de 2023. Disponível em: https://www.nytimes.com/2023/04/11/realestate/spring-cleaning-tradition.html#:~:text=The%20number%20of%20Americans%20who,from%2069%20percent%20in%202021.
28. Joanna Moorhead. "Marie Kondo: How to Clear Out Sentimental Clutter". *The Guardian*, 14 de janeiro de 2017. Disponível em: https://www.theguardian.com/lifeandstyle/2017/jan/14/how-to-declutter-your-life-marie-kondo-spark-joy.
29. Mondelez International. "Oreo Puts New Spin on Iconic Dunking Ritual with Launch of Oreo Dunk Challenge". *Cision PR Newswire*, 8 de fevereiro de 2017. Disponível em: https://www.prnewswire.com/news-releases/oreo-puts-new-spin-on-iconic-dunking-ritual-with--launch-of-oreo-dunk-challenge-300404389.html.
30. "Ujji—a Liquid Ritual". Ujji. Disponível em: https://www.ujji.co/.

31. Joe Posnanski. "What the Constitution Means to Me". *Joe Blogs*, 24 de junho de 2019. Disponível em: https://joeposnanski.substack.com/p/what-the-constitution-means-to-me.

Capítulo 6: Como persistir

1. Gillian Welch. "Look at Miss Ohio". *Genius*. Disponível em: https://genius.com/Gillian-welch-look-at-miss-ohio-lyrics.
2. Wilhelm Hofmann et al. "Everyday Temptations: An Experience Sampling Study of Desire, Conflict, and Self-Control". *Journal of Personality and Social Psychology*, v. 102, n° 6, 2012, p. 1318.
3. David Neal et al. "The Pull of the Past: When Do Habits Persist despite Conflict with Motives?". *Personality and Social Psychology Bulletin*, v. 37, n° 11, 2011, p. 1428-37.
4. Michael Walzer. *The Revolution of the Saints: A Study in the Origins of Radical Politics*. Cambridge: Harvard University Press, 1982.
5. Zeve Marcus e Michael McCullough. "Does Religion Make People More Self-Controlled?: A Review of Research from the Lab and Life". *Current Opinion in Psychology*, 40, 2021, p. 167-70.
6. Ken Jeremiah. *Living Buddhas: The Self-Mummified Monks of Yamagata, Japan*. Jefferson: McFarland, 2010.
7. Simon Critchley. "Athens in Pieces: The Happiest Man I've Ever Met". *The New York Times*, 3 de abril de 2019. Disponível em: https://www.nytimes.com/2019/04/03/opinion/mount-athos-monks.html.
8. Sander Koole et al. "Why Religion's Burdens Are Light: From Religiosity to Implicit Self-Regulation". *Personality and Social Psychology Review*, v. 14, n° 1, 2010, p. 95-107.
9. Walter Mischel. *The Marshmallow Test: Understanding Self-Control and How to Master It*. Londres: Bantam, 2014.
10. Veronika Rybanska et al. "Rituals Improve Children's Ability to Delay Gratification". *Child Development*, v. 89, n° 2, 2018, p. 349-59.
11. Shauna Tominey e Megan McClelland. "Red Light, Purple Light: Findings from a Randomized Trial Using Circle Time Games to Improve Behavioral Self-Regulation in Preschool". *Early Education & Development*, v. 22, n° 3, 2011, p. 489-519.
12. David Sedaris. "A Plague of Tics". *This American Life*, 31 de janeiro de 1997. Disponível em: https://www.thisamericanlife.org/52/edge-of-sanity/act-three-0.

13. Orna Reuven-Magril, Reuven Dar e Nira Liberman. "Illusion of Control and Behavioral Control Attempts in Obsessive-Compulsive Disorder". *Journal of Abnormal Psychology*, v. 117, n° 2, 2008, p. 334; "American Psychiatric Association". *Diagnostic and Statistical Manual of Mental Disorders*, 5ª ed. Washington: American Psychiatric Association Publishing, 2013, p. 591-643.
14. Richard Moulding et al. "Desire for Control, Sense of Control and Obsessive-Compulsive Checking: An Extension to Clinical Samples". *Journal of Anxiety Disorders*, v. 22, n° 8, 2008, p 1472-79.
15. Kara Gavin. "Stuck in a Loop of 'Wrongness': Brain Study Shows Roots of OCD". University of Michigan Health Lab, 29 de novembro de 2018. Disponível em: https://labblog.uofmhealth.org/lab-report/stuck-a-loop-of-wrongness-brain-study-shows-rootsof-ocd.
16. Siri Dulaney e Alan Page Fiske. "Cultural Rituals and Obsessive-Compulsive Disorder: Is There a Common Psychological Mechanism?". *Ethos*, v. 22, n° 3, 1994, p. 243-83.
17. Catherine Francis Brooks. "Social Performance and Secret Ritual: Battling against Obsessive-Compulsive Disorder". *Qualitative Health Research*, v. 21, n° 2, 2011, p. 249-61.
18. Deborah Glasofer e Joanna Steinglass. "Disrupting the Habits of Anorexia: How a Patient Learned to Escape the Rigid Routines of an Eating Disorder". *Scientific American*, 1º de setembro de 2016. Disponível em: https://www.scientificamerican.com/article/disrupting-the-habits-of-anorexia/.
19. Edward Selby e Kathryn A. Coniglio. "Positive Emotion and Motivational Dynamics in Anorexia Nervosa: A Positive Emotion Amplification Model (PE-AMP)". *Psychological Review*, v. 127, n° 5, 2020, p. 853.
20. N. H. Azrin e R. G. Nunn. "Habit-Reversal: A Method of Eliminating Nervous Habits and Tics". *Behaviour Research and Therapy*, v. 11, n° 4, 1973, p. 619-28.
21. Michael Winkelman. "Complementary Therapy for Addiction: 'Drumming Out Drugs'". *American Journal of Public Health*, v. 93, n° 4, 2003, p. 647-51.

Capítulo 7: Como se tornar

1. Andrew Juniper. *Wabi Sabi: The Japanese Art of Impermanence*. North Clarendon: Tuttle Publishing, 2011.

2. Arnold van Gennep. *Les rites de passage*. Paris: Nourry, 1909.
3. Tom Shachtman. *Rumspringa: To Be or Not to Be Amish*. Nova York: Macmillan, 2006.
4. Rachel Nuwer. "When Becoming a Man Means Sticking Your Hand into a Glove of Ants". *Smithsonian Magazine*, 27 de outubro de 2014. Disponível em: https://www.smithsonianmag.com/smart-news/brazilian-tribe-becoming-man-requires-sticking-your-hand-glove-full-angry-ants-180953156/.
5. Michael Hilton. *Bar Mitzvah: A History*. Lincoln: University of Nebraska Press, 2014.
6. William A. Corsaro e Berit O. Johannesen. "Collective Identity, Intergenerational Relations, and Civic Society: Transition Rituals among Norwegian Russ". *Journal of Contemporary Ethnography*, v. 43, n° 3, 2014, p. 331-60.
7. Patrick Olivelle. *Dharmasutras: The Law Codes of Apastamba, Gautama, Baudhayana and Vasistha*. Nova Déli: Motilal Banarsidass, 2000.
8. Victor Turner. *Betwixt and Between*: o período liminar nos *Ritos de Passagem*. In: Victor Turner. *Floresta de símbolos: aspectos do ritual Ndembu*. Niterói: EdUFF, 2005.
9. Jeffrey Kluger. "Here's the Russian Ritual That Ensures a Safe Space Flight". *Time*, 26 de fevereiro de 2016. Disponível em: https://time.com/4238910/gagarin-red-square-ritual/.
10. Nissan Rubin, Carmella Shmilovitz e Meira Weiss. "From Fat to Thin: Informal Rites Affirming Identity Change". *Symbolic Interaction* v. 16, n° 1, 1993, p. 1-17.
11. Associated Press. "Norwegian Church Holds Name Change Ceremony for a Transgender Woman". NBC News, 20 de julho de 2021. Disponível em: https://www.nbcnews.com/nbc-out/out-news/norwegian-church-holds-name-change-ceremony-transgender-woman-rcna1466.
12. Tim Fitzsimons. "News Sites Backtrack after 'Deadnaming' Transgender Woman in Obituary". *NBC News*, 15 de maio de 2020. Disponível em: https://www.nbcnews.com/feature/nbc-out/news-sites-backtrack-after-deadnaming-transgender-woman-obituary-n1207851.
13. Ari Kristan. "Opening Up the Mikvah". *Tikkun*, v. 21, n° 3, 2006, p. 55-57.
14. Amy Oringel. "Why 83 Is the New 13 for Bar Mitzvahs". *Forward*, 19 de outubro de 2017. Disponível em: https://forward.com/culture/jewishness/384977/why-83-is-the-new-13-for-bar-mitzvahs/.

15. Elodie Gentina, Kay Palan e Marie-Helene Fosse-Gomez. "The Practice of Using Makeup: A Consumption Ritual of Adolescent Girls". *Journal of Consumer Behaviour*, v. 11, n° 2, 2012, p. 115-23.
16. Sara Lawrence-Lightfoot. *Exit: The Endings That Set Us Free*. Nova York: Macmillan, 2012.
17. Suzanne Garfinkle-Crowell. "Taylor Swift Has Rocked My Psychiatric Practice". *The New York Times*, 17 de junho de 2023. Disponível em: https://www.nytimes.com/2023/06/17/opinion/taylor-swift-mental-health.html.
18. Bret Stetka. "Extended Adolescence: When 25 Is the New 18". *Scientific American*, 19 de setembro de 2017. Disponível em: https://www.scientificamerican.com/article/extended-adolescence-when-25-is-the-new-181/.
19. Michael I. Norton et al. "The Ikea Effect: When Labor Leads to Love". *Journal of Consumer Psychology* 22, n° 3 (de julho de 2012): 453-60.
20. Ronald Grimes. *Deeply into the Bone: Re-inventing Rites of Passage*. Berkeley: University of California Press, 2000.
21. Samuel P. Jacobs. "After Fumbled Oath, Roberts and Obama Leave Little to Chance". Reuters, 18 de janeiro de 2013. Disponível em: https://www.reuters.com/article/us-usa-inauguration-roberts/after-fumbled-oath-roberts-and-obama-leave-little-to-chance-idUSBRE90H16L20130118.
22. Arnold van Gennep em um artigo de 1914 em *The Golden Bough*, citado em Nicole Belmont. *Arnold van Gennep: The Creator of French Ethnography*. Chicago: University of Chicago Press, 1979, p. 58.

Capítulo 8: Como permanecer em sincronia

1. *This Is Us*, temporada 1, episódio 14, "I Call Marriage", dirigido por George Tillman Jr., escrito por Dan Fogelman, Kay Oyegun e Aurin Squire, apresentando Milo Ventimiglia et al., exibido em 7 de fevereiro de 2017.
2. Ximena Garcia-Rada, Michael I. Norton e Rebecca K. Ratner. "A Desire to Create Shared Memories Increases Consumers' Willingness to Sacrifice Experience Quality for Togetherness". *Journal of Consumer Psychology*, abril de 2023.

3. Ximena Garcia-Rada, Ovul Sezer e Michael Norton. "Rituals and Nuptials: The Emotional and Relational Consequences of Relationship Rituals". *Journal of the Association for Consumer Research*, v. 4, nº 2, 2019, p. 185-97.
4. Kaitlin Woolley e Ayelet Fishbach. "Shared Plates, Shared Minds: Consuming from a Shared Plate Promotes Cooperation". *Psychological Science*, v. 30, nº 4, 2019, p. 541-52.
5. Kaitlin Woolley, Ayelet Fishbach e Ronghan Michelle Wang. "Food Restriction and the Experience of Social Isolation". *Journal of Personality and Social Psychology*, v. 119, nº 3, 2020, p. 657.
6. Lisa Diamond, Angela Hicks e Kimberly Otter-Henderson. "Every Time You Go Away: Changes in Affect, Behavior, and Physiology Associated with Travel-Related Separations from Romantic Partners". *Journal of Personality and Social Psychology*, v. 95, nº 2, 2008, p. 385.
7. Arlie Russell Hochschild. *The Outsourced Self: What Happens When We Pay Others to Live Our Lives for Us*. Nova York: Metropolitan Books, 2012.
8. Tami Kim, Ting Zhang e Michael I. Norton. 'Pettiness in Social Exchange'". *Journal of Experimental Psychology: General* 148, nº 2 (2019): 361.
9. Maya Rossignac-Milon et al. "Merged Minds: Generalized Shared Reality in Dyadic Relationships". *Journal of Personality and Social Psychology*, v. 120, nº 4, 2021, p. 882.
10. Drew Magary. "We Treat Our Stuffed Animal like a Real Child. Is That Whackadoodle Stuff?". *Vice*, 3 de março de 2020. Disponível em: https://www.vice.com/en_us/article/wxe499/we-treat-our-stuffed-animal-like-areal-child-is-that-whackadoodle-stuff-drew-magary-funbag.
11. Joshua Pashman. "Norman Rush, the Art of Fiction n. 205". *Paris Review*, 194, 2010. Disponível em: https://www.theparisreview.org/interviews/6039/the-art-of-fiction-no-205-norman-rush.
12. David Bramwell. "The Bittersweet Story of Marina Abramović's Epic Walk on the Great Wall of China". *The Guardian*, 25 de abril de 2020. Disponível em: https://www.theguardian.com/travel/2020/apr/25/marina-abramovic-ulay-walk-the-great-wall-of-china; Marina Abramović. *Walk through Walls*. Nova York: Crown, 2018.
13. "Stand By Your Man". *New Yorker*, 18 de setembro de 2005. Disponível em: https://www.newyorker.com/magazine/2005/09/26/stand-by-your-man.
14. Carolyn Twersky. "Olivia Wilde Gives the People What They Want: Her Salad Dressing Recipe". *W*, 19 de outubro de 2022. Disponível em:

https://www.wmagazine.com/culture/olivia-wilde-special-salad-dressing-recipe-jason-sudeikis-nanny.
15. Lalin Anik e Ryan Hauser. "One of a Kind: The Strong and Complex Preference for Unique Treatment from Romantic Partners". *Journal of Experimental Social Psychology*, 86, 2020, p. 103.899.
16. Kennon M. Sheldon e Sonja Lyubomirsky. "The Challenge of Staying Happier: Testing the Hedonic Adaptation Prevention Model". *Personality and Social Psychology Bulletin*, v. 38, n° 5, 2012, p. 670-80.
17. Ximena Garcia-Rada e Tami Kim. "Shared Time Scarcity and the Pursuit of Extraordinary Experiences". *Psychological Science*, v. 32, n° 12, 2021, p. 1871-83.
18. Charity Yoro. "Why I Had a Closing Ceremony Ritual instead of a Breakup". *Huffington Post*, 28 de setembro de 2018. Disponível em: https://www.huffpost.com/entry/closing-ceremony-breakup_n_5b-9bef57e4b046313fbad43f.
19. Paul Simon. "Hearts and Bones". *Genius*, 4 de novembro de 1983. Disponível em: https://genius.com/Paul-simon-hearts-and-bones-lyrics.
20. Colleen Leahy Johnson. "Socially Controlled Civility: The Functioning of Rituals in the Divorce Process". *American Behavioral Scientist*, v. 31, n° 6, 1988, p. 685-701.
21. Ardean Goertzen. "Falling Rings: Group and Ritual Process in a Divorce". *Journal of Religion and Health*, v. 26, n° 3, 1987, p. 219-39.
22. Rachel Aviv. "Agnes Callard's Marriage of the Minds". *New Yorker*, 6 de março de 2023. Disponível em: https://www.newyorker.com/magazine/2023/03/13/agnes-callard-profile-marriage-philosophy.
23. "Happy Annivorcery!: The New Singles Parties". *Evening Standard*, 19 de julho de 2010. Disponível em: https://www.standard.co.uk/lifestyle/happy-annivorcery-the-new-singles-parties-493345.html.

Capítulo 9: Como sobreviver aos feriados

1. Ovul Sezer et al. "Family Rituals Improve the Holidays. Special Issue on the Science of Hedonistic Consumption", *Journal of the Association for Consumer Research*, v. 1, n° 4, 2016, p. 509-26.
2. Jeremy Frimer e Linda Skitka. "Political Diversity Reduces Thanksgiving Dinners by 4-11 Minutes, not 30-50". Carta ao editor, *Science*, v. 360, n° 6392, 2019.

3. Michelle Slatalla. "The Art of Cramming People around Your Thanksgiving Table". *Wall Street Journal*, 12 de novembro de 2019. Disponível em: https://www.wsj.com/articles/the-art-of-cramming-people-around-your-thanksgiving-table-11573579298.
4. Harriet Lerner. *The Dance of Anger*. Pune: Mehta Publishing House, 2017.
5. Barbara Fiese et al. "A Review of 50 Years of Research on Naturally Occurring Family Routines and Rituals: Cause for Celebration?". *Journal of Family Psychology*, v. 16, n° 4, 2002, p. 381.
6. Jenny Rosenstrach. *How to Celebrate Everything: Recipes and Rituals for Birthdays, Holidays, Family Dinners, and Every Day in Between: A Cookbook*. Nova York: Ballantine, 2016.
7. Carolyn Rosenthal. "Kinkeeping in the Familial Division of Labor". *Journal of Marriage and the Family*, 47, n° 4, 1985, p. 965-74.
8. Carolyn Rosenthal e Victor Marshall. "Generational Transmission of Family Ritual". *American Behavioral Scientist*, v. 31, n° 6, 1988, p. 669-84.
9. Rembert Brown. "Thank You God, for Black Thanksgiving". *Bon Appétit*, 1° de novembro de 2017. Disponível em: https://www.bonappetit.com/story/rembert-browne-thanksgiving.
10. Julie Beck, Saahil Desai e Natalie Escobar. "Families' Weird Holiday Traditions, Illustrated". *Atlantic*, 24 de dezembro de 2018. Disponível em: https://www.theatlantic.com/family/archive/2018/12/families-weird-holiday-traditions-illustrated/578731/.
11. Rosenthal e Marshall. "Generational Transmission", p. 669-84.
12. Tara Parker-Pope. "How to Have Better Family Meals". *The New York Times*, 3 de agosto de 2018. Disponível em: https://www.nytimes.com/guides/well/make-most-of-family-table.
13. Jill Anderson. "The Benefit of Family Mealtime". *Harvard Graduate School of Education*, 1° de abril de 2020. Disponível em: https://www.gse.harvard.edu/ideas/edcast/20/04/benefit-family-mealtime.
14. Mary Spagnola e Barbara H. Fiese. "Family Routines and Rituals: A Context for Development in the Lives of Young Children". *Infants & Young Children*, v. 20, n° 4, 2007, p. 284-99; "The Importance of Family Dinners VII". *Columbia University Report*, setembro de 2011.
15. Yesel Yoon, Katie Newkirk e Maureen Perry-Jenkins. "Parenting Stress, Dinnertime Rituals, and Child Well-Being in Working-Class Families". *Family Relations*, v. 64, n° 1, 2015, p. 93-107.
16. "Family Dinner Project". Disponível em: https://thefamilydinnerproject.org/.

Capítulo 10: Como viver o luto

1. Willie Nelson. "Something You Get Through". *Genius*, 6 de abril de 2018. Disponível em: https://genius.com/Willie-nelson-something-you-get-through-lyrics.
2. Drew Gilpin Faust. *This Republic of Suffering: Death and the American Civil War*. Nova York: Vintage, 2009.
3. Irwin W. Kidorf. "The Shiva: A Form of Group Psychotherapy". *Journal of Religion and Health*, v. 5, nº 1, 1966, p. 43-46.
4. Andrew George. *The Epic of Gilgamesh*. Londres: Allen Lane, Penguin Press, 1999.
5. "Colours in Culture". *Information Is Beautiful*. Disponível em: https://informationisbeautiful.net/visualizations/colours-in-cultures/.
6. Corina Sas e Alina Coman. "Designing Personal Grief Rituals: An Analysis of Symbolic Objects and Actions". *Death Studies*, v. 40, nº 9, 2016, p. 558-69.
7. William L. Hamilton. "A Consolation of Voices: At the Park Avenue Armory, Mourning the World Over". *The New York Times*, 11 de setembro de 2016. Disponível em: https://www.nytimes.com/2016/09/12/arts/music/mourning-installation-taryn-simon-park-avenue-armory.html; Sarah Hucal. "Professional Mourners Still Exist in Greece". *DW*, 15 de novembro de 2020. Disponível em: https://www.dw.com/en/professional-mourners-keep-an-ancient-tradition-alive-in-greece/a-55572864.
8. Evan V. Symon. "I'm Paid to Mourn at Funerals (and It's a Growing Industry)". *Cracked*, 21 de março de 2016. Disponível em: https://www.cracked.com/personal-experiences-1994-i-am-professional-mourner-6-realities-my-job.html.
9. John Ismay. "Edward Gallagher, the SEALs and Why the Trident Pin Matters". *The New York Times*, 21 de novembro de 2019. Disponível em: https://www.nytimes.com/2019/11/21/us/navy-seal-trident-insignia.html.
10. Tim Lahey. "Rituals of Honor in Hospital Hallways". *The New York Times*, 2 de abril de 2019. Disponível em: https://www.nytimes.com/2019/04/02/well/live/rituals-of-honor-in-hospital-hallways.html.
11. Philippe Ariès. *O homem diante da morte*. São Paulo: Editora da Unesp, 2014.
12. Michel de Montaigne. *Ensaios*. São Paulo: Editora 34, 2016.

13. Dane Schiller. "Michael Brick, Songwriter and Journalist, Remembered". *Chron*, 9 de fevereiro de 2016. Disponível em: https://www.chron.com/news/houston-texas/texas/article/Michael-Brick-6815603.php; Bob Tedeschi. "A Beloved Songwriter Wanted a Wake. He Got One Before He Was Gone". *Stat*, 25 de julho de 2016. Disponível em: https://www.statenews.com/2016/07/25/michael-brick-author-living-wake/.
14. Richard Harris. "Discussing Death Over Dinner". *Atlantic*, 16 de abril de 2016. Disponível em: https://www.theatlantic.com/health/archive/2016/04/discussing-death-over-dinner/478452/.
15. Paul Clements et al. "Cultural Perspectives of Death, Grief, and Bereavement". *Journal of Psychosocial Nursing and Mental Health Services*, v. 41, n° 7, 2003, p. 18-26; Charles Kemp e Sonal Bhungalia. "Culture and the End of Life: A Review of Major World Religions". *Journal of Hospice & Palliative Nursing*, v. 4, n° 4, 2002, p. 235-42.
16. Mary Fristad et al. "The Role of Ritual in Children's Bereavement". *Omega—Journal of Death and Dying*, v. 42, n° 4, 2001, p. 321-39.
17. Kirsty Ryninks et al. "Mothers' Experience of Their Contact with Their Stillborn Infant: An Interpretative Phenomenological Analysis". *BMC Pregnancy and Childbirth*, v. 14, n° 1, 2014, p. 1-10.
18. Anne Allison. *Being Dead Otherwise*. Durham: Duke University Press, 2023.
19. Lisa Belkin. "A Time to Grieve, and to Forge a Bond". *The New York Times*, 14 de janeiro de 2007. Disponível em: https://www.nytimes.com/2007/01/14/jobs/14wcol.html.
20. Paul Maciejewski et al. "An Empirical Examination of the Stage Theory of Grief". *JAMA*, v. 297, n° 7, 2007, p. 716-23.
21. Elisabeth Kübler-Ross. *Living with Death and Dying*. Nova York: Simon & Schuster, 2011.
22. Jason Castle e William Phillips. "Grief Rituals: Aspects That Facilitate Adjustment to Bereavement". *Journal of Loss & Trauma*, v. 8, n° 1, 2003, p. 41-71.
23. Maciejewski et al. "An Empirical Examination of the Stage Theory of Grief", *JAMA*, v. 297, n° 7, 2007, p. 716-23.
24. Nancy Hogan, Daryl Greenfield e Lee Schmidt. "Development and Validation of the Hogan Grief Reaction Checklist". *Death Studies*, v. 25, n° 1, 2001, p. 1-32.
25. Joan Didion. *O ano do pensamento mágico*. Rio de Janeiro: HarperCollins, 2021.

26. Jenee Desmond-Harris. "Help! I Never Got to Properly Mourn My Father's Death". *Slate*, 3 de março de 2023. Disponível em: https://slate.com/human-interest/2023/03/pandemic-mourning-dear-prudence-advice.html.
27. Elizabeth Diaz. "The Last Anointing". *The New York Times*, 6 de junho de 2020. Disponível em: https://www.nytimes.com/interactive/2020/06/06/us/coronavirus-priests-last-rites.html; Rachel Wolfe. "One Way to Say Good Riddance to 2020? Light Your Planner on Fire". *Wall Street Journal*, 18 de dezembro de 2020. Disponível em: https://www.wsj.com/articles/one-way-to-say-good-riddance-to-2020-light-your-planner-on-fire-11608306802?mod=mhp.
28. Alix. "About". *Dinner Party*. Disponível em: https://www.thedinnerparty.org/about.
29. "Why Traditions?: Healthy Grieving Isn't about Forgetting, It's about Remembering. Traditions Help Kids Maintain a Healthy Connection with the Parent Who Died". *Family Lives On Foundation*. Disponível em: https://www.familyliveson.org/tradition_stories/.
30. Greta Rybus. "Cold-Plunging with Maine's 'Ice Mermaids'". *The New York Times*, 1º de agosto de 2022. Disponível em: https://www.nytimes.com/2022/08/01/travel/cold-plunge-maine.html.
31. David Brooks. "What's Ripping Apart American Families?". *The New York Times*, 29 de julho de 2021. Disponível em: https://www.nytimes.com/2021/07/29/opinion/estranged-american-families.html#commentsContainer.
32. Holly Prigerson et al. "Inventory of Complicated Grief: A Scale to Measure Maladaptive Symptoms of Loss". *Psychiatry Research*, v. 59, nº 1-2, 1995, p. 65-79.
33. Pauline Boss. *Ambiguous Loss: Learning to Live with Unresolved Grief*. Cambridge: Harvard University Press, 2009.
34. Rikke Madsen e Regner Birkelund. "'The Path through the Unknown': The Experience of Being a Relative of a Dementia-Suffering Spouse or Parent". *Journal of Clinical Nursing*, v. 22, nº 21-22, 2013, p. 3024-31.
35. Anna Sale. *Vamos abrir o jogo?: Como falar de morte, sexo, dinheiro e outros assuntos complicados*. Rio de Janeiro: Alaúde, 2022.
36. Ruth La Ferla. "Outing Death". *The New York Times*, 10 de janeiro de 2018. Disponível em: https://www.nytimes.com/2018/01/10/style/death-app-we-croak.html.
37. Bethan Bell. "Taken from Life: The Unsettling Art of Death Photography". BBC News, 5 de junho de 2016. Disponível em: https://www.bbc.com/news/uk-england-36389581.

38. Terry Gross. "Maurice Sendak: On Life, Death, and Children's Lit". *NPR*, 29 de dezembro de 2011. Disponível em: https://www.npr.org/transcripts/144077273.

Capítulo 11: Como encontrar sentido no trabalho

1. Tim Olaveson. "Collective Effervescence and Communitas: Processual Models of Ritual and Society in Emile Durkheim and Victor Turner". *Dialectical Anthropology*, nº 26, 2001, p. 89-124.
2. Emile Durkheim. *The Elementary Forms of Religious Life*, 1912; reprodução Oxford: Oxford University Press, 2001.
3. Nicole Wen, Patricia Herrmann e Cristine Legare. "Ritual Increases Children's Affiliation with In-Group Members". *Evolution and Human Behavior*, v. 37, nº 1, 2016, p. 54-60.
4. Zoe Liberman, Katherine Kinzler e Amanda Woodward. "The Early Social Significance of Shared Ritual Actions". *Cognition*, nº 171, 2018, p. 42-51.
5. Telegraph Sport. "How to Do the Haka: Master the Fearsome Maori Dance in 11 Steps (with Pictures)". *Telegraph*, 6 de novembro de 2014. Disponível em: https://www.telegraph.co.uk/sport/rugbyunion/international/newzealand/11214585/How-to-do-the-Haka-Master-the-fearsome-Maori-dance-in-11-Steps-with-pictures.html.
6. Gregg Rosenthal. "Brees Reveals Text of Pre-game Chant". *NBC Sports*, 10 de fevereiro de 2010. Disponível em: https://www.nbcsports.com/nfl/profootballtalk/rumor-mill/news/brees-reveals-text-of-pre-game-chant.
7. Richard Metzger. "America circa 2013 in a Nutshell: The 'Wal-Mart Cheer' Is the Most Depressing Thing You'll Ever See". *Dangerous Minds*, 3 de julho de 2013. Disponível em: https://dangerousminds.net/comments/america_circa_2013_in_a_nutshell_the_wal_mart_cheer_is_the_most_depressing.
8. Stephanie Rosenbloom. "My Initiation at Store 5476". *The New York Times*, 19 de dezembro de 2009. Disponível em: https://www.nytimes.com/2009/12/20/business/20walmart.html.

9. Soren Kaplan. "Zipcar Doesn't Just Ask Employees to Innovate—It Shows Them How". *Harvard Business Review*, 1º de fevereiro de 2017. Disponível em: https://hbr.org/2017/02/zipcar-doesnt-just-ask-employees-to-innovate-it-shows-them-how.
10. Rachel Emma Silverman. "Companies Try to Make the First Day for New Hires More Fun". *Wall Street Journal*, 28 de maio de 2013. Disponível em: https://www.wsj.com/articles/SB10001424127887323336104578501631475934850.
11. "Complete Coverage of Starbucks 2018 Annual Meeting of Shareholders". *Starbucks Stories & News*, 21 de março de 2018. Disponível em: https://stories.starbucks.com/stories/2018/annual-meeting-of-shareholders-2018/.
12. Jing Hu e Jacob Hirsh. "Accepting Lower Salaries for Meaningful Work". *Frontiers in Psychology*, 8, 2017, p. 1649.
13. Tammy Erickson. "Meaning Is the New Money". *Harvard Business Review*, 23 de março de 2011. Disponível em: https://hbr.org/2011/03/challenging-our-deeply-held-as.
14. Tami Kim et al. "Work Group Rituals Enhance the Meaning of Work". *Organizational Behavior and Human Decision Processes*, 165, 2021, p. 197–212.
15. Douglas A. Lepisto. "Ritual Work and the Formation of a Shared Sense of Meaningfulness". *Academy of Management Journal*, v. 65, nº 4, 2022, p. 1327–52.
16. Katie Morell. "CEOs Explain Their Most Awkward Team-Building Experiences". Bloomberg, 5 de abril de 2017. Disponível em: https://www.bloomberg.com/news/articles/2017-04-05/what-s-your-most-awkward-team-building-experience.
17. Eric Arnould e Linda Price. "River Magic: Extraordinary Experience and the Extended Service Encounter". *Journal of Consumer Research*, v. 20, nº 1, 1993, p. 24–45.
18. Oliver Burkeman. "Open-Plan Offices Were Devised by Satan in the Deepest Caverns of Hell". *The Guardian*, 18 de novembro de 2013. Disponível em: https://www.theguardian.com/news/2013/nov/18/open-plan-offices-bad-harvard-business-review.
19. Farhad Manjoo. "Open Offices Are a Capitalist Dead End". *The New York Times*, 25 de setembro de 2019. Disponível em: https://www.nytimes.com/2019/09/25/opinion/wework-adam-neumann.html.
20. "Retail Employee Has Little Daily Ritual Where He Drinks Dr Pepper in Quiet Corner of Stock Room and Doesn't Kill Himself". *Onion*, 19

de setembro de 2019. Disponível em: https://www.theonion.com/retail-employee-has-little-daily-ritual-where-he-drinks-1838234948.
21. Ethan Bernstein e Ben Waber. "The Truth about Open Offices". *Harvard Business Review*, novembro-dezembro de 2019. Disponível em: https://hbr.org/2019/11/the-truth-about-open-offices.
22. Ethan Bernstein. "Privacy and Productivity". *Harvard Business School Newsroom*, 25 de março de 2014. Disponível em: https://www.hbs.edu/news/articles/Pages/privacy-and-productivity-ethan-bernstein.aspx.
23. Nellie Bowles. "God Is Dead. So Is the Office. These People Want to Save Both". *The New York Times*, 28 de agosto de 2020. Disponível em: https://www.nytimes.com/2020/08/28/business/remote-work-spiritual-consultants.html.
24. Jennifer Levitz. "Welcome to the Fake Office Commute (Turns Out People Miss the Routine)". *Wall Street Journal*, 11 de janeiro de 2021. Disponível em: https://www.wsj.com/articles/welcome-to-the-fake-office-commute-turns-out-people-miss-the-routine-11610383617.
25. Benjamin A. Rogers et al. "After-Work Rituals and Well-Being", documento técnico.
26. "Why Are You Not Already Doing This: 41 Things You Need to Be Doing Every Day to Avoid Burnout". *ClickHole*, 1º de setembro de 2021. Disponível em: https://clickhole.com/why-are-you-not-already-doing-this-41-things-you-need-to-be-doing-every-day-to-avoid-burnout/.

Capítulo 12: Como dividir

1. Karl Smallwood. "What Is the Correct Way to Hang Toilet Paper?". *Today I Found Out*, 25 de abril de 2020. Disponível em: http://www.todayifoundout.com/index.php/2020/04/what-is-the-correct-way-to-hang-toilet-paper/.
2. David Rambo. *The Lady with All the Answers*. Nova York: Dramatists Play Service, 2006.
3. "The Straw Hat Riot of 1922". B Unique Millinery. Disponível em: https://www.buniquemillinery.com/pages/the-straw-hat-riot-of-1922.
4. Nicholas M. Hobson et al. "When Novel Rituals Lead to Intergroup Bias: Evidence from Economic Games and Neurophysiology". *Psychological Science*, v. 28, nº 6, 2017, p. 733-50.
5. Henri Tajfel. "Social Identity and Intergroup Behaviour". *Social Science Information*, v. 13, nº 2, 1974, p. 65-93.

6. Joyce Berg, John Dickhaut e Kevin McCabe. "Trust, Reciprocity, and Social History". *Games and Economic Behavior*, v. 10, n° 1, 1995, v. 122-42.
7. Yuan Zhang et al. "Brain Responses in Evaluating Feedback Stimuli with a Social Dimension". *Frontiers in Human Neuroscience*, 6, 2012, p. 29.
8. Dimitris Xygalatas et al. "Extreme Rituals Promote Prosociality". *Psychological Science*, v. 24, n° 8, 2013, p. 1602-5.
9. Jose Marques, Vincent Yzerbyt e Jacques-Philippe Leyens. "The 'Black Sheep Effect': Extremity of Judgments towards Ingroup Members as a Function of Group Identification". *European Journal of Social Psychology*, v. 18, n° 1, 1988, p. 1-16.
10. Daniel Stein et al. "When Alterations Are Violations: Moral Outrage and Punishment in Response to (Even Minor) Alterations to Rituals". *Journal of Personality and Social Psychology*, v. 123, n° 1, 2021.
11. Frank Kachanoff et al. "Determining Our Destiny: Do Restrictions to Collective Autonomy Fuel Collective Action?". *Journal of Personality and Social Psychology*, v. 119, n° 3, 2020, p. 600.
12. Liam Stack. "How the 'War on Christmas' Controversy Was Created". *The New York Times*, 19 de dezembro de 2016. Disponível em: https://www.nytimes.com/2016/12/19/us/war-on-christmas-controversy.html.
13. "Thirty Years' War". *History*, 21 de agosto de 2018. Disponível em: https://www.history.com/topics/european-history/thirty-years-war.
14. Marilynn Brewer. "The Psychology of Prejudice: Ingroup Love or Outgroup Hate?". *Journal of Social Issues*, 55, 1999, p. 429-44.
15. Emilio Depetris-Chauvin, Ruben Durante e Filipe Campante. "Building Nations through Shared Experiences: Evidence from African Football". *American Economic Review*, v. 110, n° 5, 2020, p. 1572-1602.
16. Lindsay Zoladz. "Is There Anything We Can All Agree On? Yes: Dolly Parton". *The New York Times*, 21 de novembro de 2019. Disponível em: https://www.nytimes.com/2019/11/21/arts/music/dolly-parton.html.

Capítulo 13: Como curar

1. Antjie Krog. "The Truth and Reconciliation Commission: A National Ritual?". *Missionalia: Southern African Journal of Mission Studies*, v. 26, n° 1, 1998, p. 5-16.

2. Rosalind Shaw. "Memory Frictions: Localizing the Truth and Reconciliation Commission in Sierra Leone". *International Journal of Transitional Justice*, v. 1, nº 2, 2007, p. 183-207.
3. Johanna Kirchhoff, Ulrich Wagner e Micha Strack. "Apologies: Words of Magic? The Role of Verbal Components, Anger Reduction, and Offence Severity". *Peace and Conflict: Journal of Peace Psychology*, v. 18, nº 2, 2012, p. 109.
4. Peter Coleman. "Redefining Ripeness: A Social-Psychological Perspective". *Peace and Conflict*, v. 3, nº 1, 1997, p. 81-103.
5. Cynthia McPherson Frantz e Courtney Bennigson. "Better Late than Early: The Influence of Timing on Apology Effectiveness". *Journal of Experimental Social Psychology*, v. 41, nº 2, 2005, p. 201-7.
6. Mark Landler. "Obama and Iranian Leader Miss Each Other, Diplomatically". *The New York Times*, 25 de setembro de 2013. Disponível em: https://www.nytimes.com/2013/09/25/world/middleeast/obama-and-iranian-leader-miss-each-other-diplomatically.html.
7. Martin Fackler. "For Japan, Small Gesture Holds Great Importance". *The New York Times*, 18 de outubro de 2014. Disponível em: https://www.nytimes.com/2014/10/19/world/asia/for-japan-and-china-small-gesture-holds-great-importance.html.
8. Margaret Atwood. *O assassino cego*. Rio de Janeiro: Rocco, 2001.
9. Evan Andrews. "The History of the Handshake". *History*, 9 de agosto de 2016. Disponível em: https://www.history.com/news/what-is-the-origin-of-the-handshake.
10. Greg Stewart et al. "Exploring the Handshake in Employment Interviews". *Journal of Applied Psychology*, v. 93, n. 5, 2008, p. 1.139.
11. Kelly Cohen. "Has the Coronavirus Ruined the High-Five?". ESPN, 22 de maio de 2020. Disponível em: https://www.espn.com/mlb/story/_/id/29200202/has-coronavirus-ruined-high-five.
12. Sabine Koch e Helena Rautner. "Psychology of the Embrace: How Body Rhythms Communicate the Need to Indulge or Separate". *Behavioral Sciences*, v. 7, n. 4, 2017, p. 80.
13. Christine Webb, Maya Rossignac-Milon e Tory Higgins. "Stepping Forward Together: Could Walking Facilitate Interpersonal Conflict Resolution?". *American Psychologist*, v. 72, nº 4, 2017, p. 374.
14. Roberto Weber e Colin Camerer. "Cultural Conflict and Merger Failure: An Experimental Approach". *Management Science*, v. 49, nº 4, 2003, p. 400-415.

15. Janetta Lun, Selin Kesebir e Shigehiro Oishi. "On Feeling Understood and Feeling Well: The Role of Interdependence". *Journal of Research in Personality*, v. 42, n° 6, 2008, p. 1623-28.
16. Dawn Braithwaite, Leslie Baxter e Anneliese Harper. "The Role of Rituals in the Management of the Dialectical Tension of 'Old' and 'New' in Blended Families". *Communication Studies*, v. 49, n° 2, 1998, p. 101-20.
17. Idem.
18. Rikard Larsson e Michael Lubatkin. "Achieving Acculturation in Mergers and Acquisitions: An International Case Survey". *Human Relations*, v. 54, n° 12, 2001, p. 1573-1607.
19. Brian Gorman. "Ritual and Celebration in the Workplace". *Forbes*, 14 de janeiro de 2020. Disponível em: https://www.forbes.com/sites/forbescoachescouncil/2020/01/14/ritual-and-celebration-in-the-workplace.
20. Lotten Gustafsson Reinius. "The Ritual Labor of Reconciliation: An Autoethnography of a Return of Human Remains". *Museum Worlds: Advances in Research*, v. 5, n° 1, 2017, p. 74-87.
21. Andrew Livingstone, Lucia Fernandez Rodriguez e Adrian Rothers. "'They Just Don't Understand Us': The Role of Felt Understanding in Intergroup Relations". *Journal of Personality and Social Psychology*, v. 119, n° 3, 2020, p. 633.
22. Roger Fisher, William L. Ury e Bruce Patton. *Como chegar ao sim: como negociar acordos sem fazer concessões*. Rio de Janeiro: Editora Sextante, 2018.
23. Abby Ellin. "You Married Them Once, but What about Twice?". *The New York Times*, 3 de março de 2016. Disponível em: https://www.nytimes.com/2016/03/06/fashion/weddings/remarriage-divorce.html.

Este livro foi composto na tipografia Miller Text,
em corpo 11/15,5, e impresso em papel off-white
no Sistema Cameron da Divisão Gráfica
da Distribuidora Record.